그리스도인

The Christian

by William S. Plumer

아메리카 P&R 시리즈는 청교도를 탄압하던 영국을 피해 기독교적 이상을 품고 신대륙을 찾아간 청교도들과 그들의 신앙을 계승한 청교도적 개혁주의자의 명저를 소개합니다. 존 코튼(John Cotton), 토마스 후커(Thomas Hooker), 리차드 매더(Richard Mather), 토마스 쉐퍼드(Thomas Shepard)로부터 조나단 에드워즈(Jonathan Edwards), 사무엘 댄포스(Samuel Danforth), 또한 구프린스톤 사상을 이어받은 아키발드 알렉산더(Archibald Alexander), 찰스 하지(Charles Hodge), 벤자민 워필드(Benjamin Warfield), 그레셤 메이첸(Gresham Machen) 등 과거 뉴잉글랜드로부터 현재의 미합중국에 이르기까지 수많은 영적 거성들의 탁월한 저서들이 조국 교회와 성도들에게 큰 위로와 은혜가 될 것입니다.

그리스도인

윌리엄 플러머 지음
황의무 옮김

지평서원

contents

제1부

추천의 글_이태복 목사 • 8

1 그리스도인이라는 이름 • 19
The Christian Name

2 그리스도인의 고백 • 25
The Christian Profession

3 그리스도인의 생명 • 32
The Christian Life

4 그리스도인의 교훈 • 38
The Christian Doctrine

5 그리스도인의 성품 • 45
The Christian Character

6 그리스도인의 순진함 • 55
The Christian Simplicity

7 그리스도인의 길 • 61
The Christian's Way

8 그리스도인을 향한 시험 • 70
The Christian's Temptations

9 시험을 이기는 그리스도인 • 77
The Christian's Victory over Temptations

10 그리스도인의 죄에 대한 시각 • 82
The Christian's Views of Sin

11 그리스도인이 범하기 쉬운 죄 • 92
The Christian's Besetting Sins

12 그리스도인의 책임감 • 100
The Christian's Sense of Responsibility

13 그리스도인의 믿음 • 105
The Christian's Faith

14 왜 그리스도를 의지해야 합니까? • 111
Why Do I Rest Confidently in Christ?

15 그리스도인의 소망 • 122
The Christian's Hope

제2부

16 그리스도인의 신뢰 · 131
The Christian's Trust

17 그리스도인의 선한 결심 · 138
A Christian's Good Resolutions

18 그리스도인의 삶의 원리 · 146
The Christian Lives by Rule

19 그리스도인의 대적 · 153
The Christian's Enemies

20 그리스도인의 목자 · 160
The Christian's Shepherd

21 그리스도인의 대언자 · 165
The Christian's Advocate

22 그리스도인의 보증 · 172
The Christian's Earnest

23 그리스도인의 기쁨 · 178
The Christian's Joy

the Christian

24 그리스도인의 슬픔 I · 185
The Christian's Sorrow

25 그리스도인의 슬픔 II · 195
The Christian's Sorrow-more about it

26 그리스도인의 진리 투쟁 · 200
The Christian's Hatred of Error

27 그리스도인의 영광스러운 풍성함 · 207
The Christian's Glorious Riches

28 어느 그리스도인의 묵상 · 211
Some Musings of an Old Christian

29 어떻게 해야 합니까? · 217
What Can I Do?

30 죽은 후에도 이어지는 그리스도인의 영향력 · 222
Posthumous Usefulness

추천의 글

모든 그리스도인에게 필요한
전신 거울

이태복 목사

한국교회를 바라보면서 제가 느끼는 한 가지 안타까움이 있습니다. 최근 몇 년 동안 회심과 거듭남에 대한 자극적인 책들이 자극적인 제목을 달고 출판되어 많은 독자들에게 읽히면서, 거듭남과 회심이라는 한 가지 관점에서만 참 그리스도인을 정의하려는 심각한 치우침이 한국교회 일각에 생겨났다는 것입니다.

물론 그런 책들이 한국교회에 어느 정도 필요한 것은 분명한 사실입니다. 많은 경우 한국교회의 복음 설교는 미국에서 건너온 안일한 복음전도 방식에 오랫동안 침식되어서 이제는 죄에 대한 분명한 지적도 없이, 회개에 대한 철저한 요구도 없이, 그리고 죄인을 그리스도의 십자가 앞에 직면하게 만드는 일도 없이 그저 하나님의 사랑을 달콤하게 포장하여 구원의 확신을 주입해 주는 수준으로 전락했기 때문입니다.

또 이런 가르침이 대세를 이루면서 자신이 물과 성령으로 거듭나 참된 회개와 믿음으로 복음의 은혜 가운데 들어와 있는지 확인조차 해 보지 않고, 그저 구원의 확신을 갖는 것이 중요하다고 하니까 몇 가지 성경 구절이나 어떤 묘한 영적 체험을 근거로 구원의 확신을 만들어 내는 사람들이 많아졌습니다. 그 결과, 정상적으로 거듭난 그리스도인에게 자연스럽게 맺혀야 할 열매들이 전혀 없는데도 불구하고 스스로를 그리스도인이라고 확신하는 사람들이 많아졌습니다.

이런 현실을 생각할 때, 회심과 거듭남에 관한 자극적인 책들은 분명 한국교회에 꼭 필요합니다. 잘못된 확신 가운데 꼿꼿하게 서 있는 사람들을 일깨워서 올바른 신앙과 확신으로 이끌기 위해서는 자극적인 방법도 필요할 것이기 때문입니다.

그러나 거듭남과 회심이라는 한 가지 관점에서만 참 그리스도인을 정의하려는 것은 자칫 앞서 말씀드린 헛된 확신만큼이나 기독교 신앙에 큰 해가 될 수 있습니다.

물론 참된 그리스도인의 시작은 물과 성령으로 거듭나며 죄, 세상, 자기 자신을 등지고 하나님을 향하여 돌아서는 일에서 출발합니다. 그렇기 때문에 청교도 조지 스윈녹George Swinnock의 말처럼, 사람이 이 세상을 살면서 가장 중요하게 여겨야 할 일이 있다면, 그것은 단연코 거듭남과 회심일 것입니다. 이것이 없으면 다른 모든 신앙생활은 껍데기에 불과할 뿐, 아무 의미나 가치도 없기 때문입니다.

그러나 거듭남과 회심은 참된 그리스도인이 출발하는 첫 단계일 뿐이지 참된 그리스도인의 전부일 수는 없습니다. 갓난아기가 태어났다고 해서 다 끝난 게 아니며, 성숙한 인간으로 성장하여 인생의 보람을 느끼며 살아가는 것이 필요합니다. 거듭남과 회심을 통해서 신자의 영혼에 심긴 하나님의 생명은 다양하고도 풍성한 열매들을 통하여 참된 그리스도인의 영광스러운 모습을 보여 줍니다. 그러므로 참으로 회심하고 거듭난 성도들은 참된 그리스도인의 영광스러운 모습이 무엇인지 전체적인 그림을 가지고 살아가야 합니다.

죽음처럼 고통스럽다는 산고를 겪고 한 생명을 출산한 산모는 자신의 아기가 태어났다는 사실로만 만족하지 않습니다. 산모는 그 아기가 온전한 사람으로 성장하여 사람다운 모든 면모를 발휘하면서 살기를 기대합니다. 우리를 낳으신 하나님도 마찬가지입니다.

"그가 그 피조물 중에 우리로 한 첫 열매가 되게 하시려고 자기의 뜻을 따라 진리의 말씀으로 우리를 낳으셨느니라"(약 1:18).

"우리가 다 하나님의 아들을 믿는 것과 아는 일에 하나가 되어 온전한 사람을 이루어 그리스도의 장성한 분량이 충만한 데까지 이르리니"(엡 4:13).

생명이 태어나는 것도 중요하지만, 그것보다 더 중요한 것은 그 생명이 온전하게 성장하여 열매를 맺는 것입니다. 그러므로 그리스도인은 회심과 거듭남에만 관심을 가져서는 안 됩니다. 오히려 참된 그리스도인의 전체적인 모습을 알고 거기에 맞게 온전히 성숙하는 데 더 큰 관심을 기울여야 합니다. 여기에 우리에게 생명을 주신 하나님의 보람과 영광이 달려 있기 때문입니다.

우리는 "당신은 거듭났는가?", "당신은 정말 회심했는가?"라고 질문하는 자리에만 머물러 있어서는 안 됩니다.

"그러므로 우리가 그리스도 도의 초보를 버리고……교훈의 터를 다시 닦지 말고 완전한 데 나아갈지니라"(히 6:1,2).

성경의 이 명령대로 이제 우리는 한 단계 더 나아가서 "당신은 참된 그리스도인의 전체적인 모습을 아는가?", "당신에게는 참된 그리스도인의 전체적인 모습이 얼마나 나타나고 있는가?"라고 질문하면서 고민할 줄 알아야 합니다.

여러분이 손에 들고 있는 이 책 『그리스도인』은 이런 점에서 정말 중요한 주제를 다루고 있습니다. 책의 분량이 비교적 적고 각 장의 길이가 짧다고 이 책을 과소평가하지 마시기 바랍니다.

이 책은 그리스도인에게 기적과 같은 하늘의 생명을 주신 하나님께서 그 생명이 어떻게 꽃피기 원하시는지를 전체적인 그림으로 그려 낸 소중한 책입니다. 참된 그리스도인의 모습을 30가지 측면에서 다양하게 비춰 준 탁월한 책입니다. 분량이 적고 길이가 짧은 만큼 간결하면서도 강력한 언어로 그리스도인을 향한 하나님의 전체적인 계획을 뿜어내는 하늘의 메시지입니다.

저자의 이름이 낯설다는 이유로 이 책을 읽는 것을 망설이지 마시기 바랍니다. 이 책의 저자 윌리엄 플러머 William S. Plumer, 1802-1880 목사는 19세기 미국의 탁월한 설교자이자 저술가였습니다.

플러머 목사는 당대 최고의 복음전도자였던 무디D. L. Moody가 공개적인 자리에서 자신의 영적인 고민을 털어놓고 조언을 구했을 정도로 탁월한 영성가로 정평이 나 있었습니다. 또한 플러머 목사는 19세기 개혁주의 작가들 중에서 교리적으로 가장 건전하며, 체험적인 신앙을 통하여 독자로 하여금 마음을 살피게 만드는 데 가장 탁월하고, 실천적인 신앙으로 무장시켜 주는 데도 가장 탁월한 작가로 정평이 나 있는 인물입니다.

영국의 출판사 진리의 깃발The Banner of Truth에서는 일찍이 플러머 목사의 진가를 발견하고 1200페이지가 넘는 시편 주석을 발간한 바 있으며, 미국에서는 스프링클 출판사Sprinkle Publications를 비롯한 몇 개의 출판사에서 플러머 목사의 작품들을 지속적으로 출판하고 있습니다.

한국에도 잘 알려진 퓨리탄 리폼드 신학교Puritan Reformed Theological Seminary 학장인 조엘 비키Joel Beeke 목사는 플러머 목사의 모든 저술이 간결하면서도 심오하고 마음을 파헤치면서도 위로로 가득하다는 점을 높이 평가하며, 그를 '미국의 J. C. 라일'이라고 칭송한 바 있습니다.

그러므로 여러분의 신앙 연륜이 짧든 길든, 이 소중한 책을 정독하십시오. 거듭나고 회심했다는 사실에만 만족하지 말고, 하나님께서 설계하신 그리스도인의 모든 영광과 존귀가 어떤 것들인지를 익히십시오. 그리고 실제로 여러분의 삶에 어떤 열매들이 있는지를 점검해 보십시오.

하나님의 말씀을 근거로 제작된 이 전신 거울 앞에 여러분의 인격과 삶 전체를 꼼꼼하게 비춰 보십시오. 참된 그리스도인에 대한 전체적인 그림이 여러분의 마음에 그려지면서 여러분의 삶에 놀라운 변화가 일어나게 될 것입니다.

특별히 기독교 신앙이 왠지 부담스럽게 느껴져서 교회 출석을 망설이고 있거나, 이제 막 교회에 나가기 시작한 분들에게 이 책을 꼭 권하고 싶습니다. 이 책은 그리스도인이 되며 그리스도인으로 살아간다는 것이 얼마나 존귀하고도 영광스러운 일인지를 매우 쉽고도 간결하며, 부드럽고도 매력적으로 기록한 좋은 책입니다. 그러므로 이 책에서 시작하십시오. 이 책은 여러분의 답답함을 시원하게 풀어 주고, 네비게이션처럼 정확하게 길을 안내해 줄 것입니다.

또 세례를 받기 위하여 준비하는 분들, 또 세례를 받은 분들, 그리고 교회의 청소년들에게도 이 책을 필독서로 추천하고 싶습니다.

숲을 보고 나무를 보라는 말이 있습니다. 이 책을 통해서 참된 그리스도인의 전체 그림을 먼저 파악하십시오. 그러면 신앙인으로서 여러분이 가야 할 길이 분명하게 보일 것이며, 구체적인 삶의 현장에서 어떻게 살아야 할 것인지를 자연스럽게 깨닫게 될 것입니다.

보고 배울 만한 사람이 주변에 없다고 탄식하지 말고 이 책을 통해서 온전한 그리스도인의 모습을 보고 배우시기 바랍니다. 이 책은 여러분에게 가장 온전한 그리스도인의 면모를 보여 줄 것입니다.

아무쪼록 이 책을 손에 들고 읽는 모든 독자들의 마음마다 진리의 성령께서 역사하시어 이 전신 거울을 들여다보고 있는 사이에 온전한 그리스도인으로 성숙하는 귀한 은혜가 있기를 소원합니다.

이태복 목사는 고려대에서 영문학을 전공하고 총신대 신학대학원에서 신학을 수료한 후 청교도 신앙에 깊은 관심을 가지고 연구하며 사역하며 번역하는 목회자입니다. 중요한 역서로는 『마음 참된 성도의 마음』, 『상한 심령으로 서라』, 『당신의 거듭남, 확실합니까』, 『돌아오는 배역자』, 『복음의 진수로 나아가라』, 『거룩한 길로 나아가라』, 『십자가 아래서』, 『영광스러운 부르심』, 『나를 기념하라』 등이 있습니다.

I
part

그리스도인이라는 이름 | 그리스도인의 고백 | 그리스도인의 생명 | 그리스도인의 교훈 | 그리스도인의 성품 | 그리스도인의 순진함 | 그리스도인의 길 | 그리스도인을 향한 시험 | 시험을 이기는 그리스도인 | 그리스도인의 죄에 대한 시각 | 그리스도인이 범하기 쉬운 죄 | 그리스도인의 책임감 | 그리스도인의 믿음 | 왜 그리스도를 의지해야 합니까? | 그리스도인의 소망

the
CHRISTIAN
I

1 그리스도인이라는 이름
the Christian Name

성경에는 '그리스도인Christian'이라는 단어가 세 번밖에 나오지 않습니다.

"제자들이 안디옥에서 비로소 그리스도인이라 일컬음을 받게 되었더라"(행 11:26).

"아그립바가 바울에게 이르되 네가 적은 말로 나를 권하여 그리스도인이 되게 하려 하는도다"(행 26:28).

"만일 그리스도인으로 고난을 받으면 부끄러워하지 말고 도리어 그 이름으로 하나님께 영광을 돌리라"(벧전 4:16).

사도행전에 기록된 사건들 가운데는 연대를 정확히 알 수 없는 것도 있지만, 적어도 예수께서 승천하신 후 10년 내지 12년 동안은 그분을 따르는 자들이 그리스도인이라는 이름으로 불리지 않은 것은 분명합니다.

저는 언젠가 사도행전 11장 26절에 대한 설교를 듣는 중에, 그리스도인이라는 이름이 처음에는 퓨리탄Puritan[1]이나 메소디스트Methodist[2]라는 말처럼 기독교를 반대하는 사람들이 비난조로 사용하는 호칭이었으나, 후에 주님의 제자들이 그 이름을 기꺼이 받아들여 사용하였다는 말을 들은 적이 있습니다.

또한 시대마다 경건한 사람을 멸시하는 용어가 존재해 왔으며, 폴리갑Polycarp[3]의 고난과 순교의 역사에서 볼 수 있듯이, 십자가의 대적들이 오랫동안 비방과 조롱의 의미로 이 이름을 사용해 왔다는 사실도 알고 있습니다. 그러나 이러한 사실들이 기독교를 비난하는 사람들이 그리스도인이라는 이름을 먼저 사용하였다는 근거가 될 수는 없습니다.

그리스도인이라는 이름에 대하여

그리스도인이라는 이름과 관련하여 우리가 확실하게 말할

---

1) 역자주 – 삶의 모든 영역에서 하나님의 말씀에 철저히 순종하며 몸부림치던 청교도들의 신앙을 두고 처음에는 '매우 까다로운 사람들'이라는 비꼬는 투로 이 단어를 사용하였습니다.

2) 역자주 – 오늘날에는 감리교인을 의미하는 이 단어는 처음에는 '엄격한 규칙을 따르는 규칙주의자'라는 의미로 웨슬리(John Wesley)의 추종자들을 비꼬는 표현으로 사용되었습니다.

3) 역자주 – 초대 교회의 지도자로 '자신이 그리스도인임을 부인하고, 그리스도인을 욕하면 살려주겠다'라는 로마총독의 제안을 거절하고 순교당한 것으로 유명합니다.

수 있는 것은 다음과 같습니다.

첫째, 그리스도인은 그리스도를 따르는 모든 자들에게 해당되는 이름입니다. 그들은 그리스도 안에 있으며, 그리스도를 사랑하고 경외합니다. 그들은 그리스도를 위해 죽을 준비가 되어 있으며, 그리스도는 그들의 구주이며 구속자가 되십니다. 그들은 그리스도를 부끄러워하지 않으며, 그리스도 역시 그들을 부끄러워하지 않습니다.

그들은 모두 예수 그리스도의 친구이자 제자이며, 그분을 통하여 구원을 받은 자입니다. 그리스도는 그들의 전부이며, 그들 역시 그분에게 가장 소중한 사람들입니다.

"네가 내 눈에 보배롭고 존귀하며 내가 너를 사랑하였은즉, 내가 네 대신 사람들을 내어 주며 백성들이 네 생명을 대신하리니"(사 43:4).

둘째, 그리스도인은 매우 합당한 이름입니다. 그 이름은 하나님의 백성들을 가장 잘 표현하는 이름으로서, 거기에 담긴 의미를 온전히 드러냅니다. 하나님의 백성들을 일컫는 표현이 많지만, '그리스도인'이라는 이름만큼 적절한 표현은 없습니다.

셋째, 구약시대에 복음을 전했던 선지자들은 훗날 교회가 새로운 이름으로 불릴 것이라고 예언했습니다.

"이방 나라들이 네 공의를, 뭇 왕이 다 네 영광을 볼 것이요, 너는 여호와의 입으로 정하실 새 이름으로 일컬음이 될 것이며"(사 62:2).

이 말씀은 물론 신약 교회의 변화된 위상과 지위에서 비롯된 위대한 축복에 대한 언급입니다. 그러나 또한 그리스도인이라는 이름 자체도 이 예언에 대한 문자적인 성취로 볼 수 있지 않겠습니까? 사실 많은 사람들이 그렇게 생각하였습니다.

넷째, 초대 교회의 성도 가운데서도 주께서 마땅히 그리스도인이라고 부를 만한 사람이 있었습니다. "제자들이 안디옥에서 비로소 그리스도인이라 일컬음을 받게 되었더라"라는 역사적인 언급 다음에 이어지는 말씀을 보십시오.

"그때에 선지자들이 예루살렘에서 안디옥에 이르니 그중에 아가보라 하는 한 사람이 일어나 성령으로 말하되, 천하에 큰 흉년이 들리라 하더니 글라우디오 때에 그렇게 되니라"(행 11:27,28).

당시에도 하나님의 뜻을 전하며 그분의 권능을 힘입어 예언하는 성령의 사람들이 있었던 것입니다.

다섯째, 지금까지 하나님의 백성은 그리스도인이라는 이름으로 불리는 것에 대해 조금도 망설이거나 꺼려하지 않았습니다. 영감을 받은 역사가인 누가는 그리스도인이라는 이름에 조금의 거부감도 나타내지 않았으며, 베드로도 이 호칭을 호의적으로 사용하였습니다. 경건한 신자들은 마치 이 이름이 주께로부터 온 것인 양 오랜 세월 동안 기꺼이 받아들여 왔음이 틀림없습니다.

이름의 중요성

이러한 호칭이 왜 중요하냐고 반문하는 사람도 있을 것입니다. 이에 대해 저는 "이름에는 많은 것이 담겨 있으며, 사람들은 누군가에게 이름을 부여함으로써 자신의 권위를 행사하기 때문이다"라고 대답하겠습니다.

아담이 모든 가축과 공중의 새와 들의 모든 짐승에게 이름을 부여한 행위는 그의 지성과 권위의 일면을 드러냅니다(창 2:20 참고). 여호와 하나님도 자신의 뜻대로 이름을 부여하거나 변경함으로써 특권을 행사하셨습니다. 예를 들어 하나님은 아브람과 야곱과 사래의 이름을 바꾸셨으며, 이 땅에 보낸 자신의 아들을 '예수'라고 부를 것을 지시하셨습니다.

이름은 올바르게 사용되어야 합니다. 그러나 합당하지 않은 이름도 있고, 때로는 이름이 잘못 사용되는 경우도 있습니다. 만일 고대 교회가 야곱, 이스라엘, 요셉, 아브라함의 후손과 같이 영광스럽고도 선한 의미를 가진 이름 대신, 가인이나 가나안, 고라 등 악명 높은 자의 이름으로 불렸다면, 경건한 그들이 마음에 얼마나 큰 상처를 입었겠습니까?

그리스도인이라는 이름 속에는 경건한 신자들로 하여금 결코 그 이름을 포기하지 못하게 만드는 소중한 것들이 풍성히 담겨 있습니다. 심지어 악한 사람들조차도 자신이 사랑하는 사람들이 이 세상을 떠나면 그들이 '그리스도인'이라는 이름으로 불리기를 원합니다. 혹은 그들의 묘비에 '그리스도인'이라는 이름이 새겨지는 것을 좋게 여깁니다.

당신은 그리스도인입니까? 당신은 진정 변함없고 확실하며 살아 있는 그리스도인입니까? 당신은 그리스도인이라는 이름에 합당한 삶을 살고 있습니까? 그리스도와 친밀하고도 생명력 있는 교제를 나누고 있습니까? 그리스도 안에 살고 있습니까? 그분을 위하여 살고 있습니까? 그분을 향해 살고 있습니까? 그분을 힘입어 그분과 함께 살고 있습니까?

당신은 그리스도인이라는 이름이 지니는 중요성이나 의미에 대해 생각해 보았습니까? 그것은 기독교 국가에 태어나는 것보다 훨씬 큰 의미를 지니고 있습니다. 참으로 그리스도인이라는 이름을 합당하게 지니는 것이야말로 이 땅에서 얻을 수 있는 가장 영광스럽고도 위대한 행복이 아닐 수 없습니다. 그 이름이 인간에게 주어진 가장 고귀한 칭호이기 때문입니다.

2 그리스도인의 고백
the Christian Profession

　신약성경에 사용된 동일한 헬라어 동사가 영어성경에서는 '컨페스confess'와 '프러페스profess'라는 두 개의 용어로 번역된 것을 볼 수 있습니다.

　'컨페스confess·시인하다, 자백하다, 고백하다'라는 동사는 마태복음 10장 32절, 누가복음 12장 8절, 요한복음 1장 20절, 9장 22절, 12장 42절, 사도행전 23장 8절, 24장 14절, 로마서 10장 9절, 히브리서 11장 13절, 요한일서 1장 9절, 4장 2,3,15절, 요한이서 7절에 나타납니다.

　그리고 같은 헬라어 동사가 마태복음 7장 23절, 디모데전서 6장 12절, 디도서 1장 16절에서는 '프러페스profess·밝히 말하다, 증거하다, 시인하다'로 번역되어 있습니다.

명사형도 마찬가지입니다. 예를 들어 동일한 단어가 디모데전서 6장 12절에는 '프러페션profession'으로 번역되었으나 13절에서는 '컨페션confession'으로 번역된 것을 볼 수 있습니다.[1]

이 두 단어 사이에 차이점이 있다면, 'confession'은 위기에 직면한 경우에 사용되는 표현이며 'profession'은 신앙과 행위에 대한 단순한 고백을 표현할 때 사용된다는 점입니다. 어쨌든 두 단어 모두 자신의 확신이나 신앙에 대한 고백과 자신이 믿는 진리에 대한 선언을 표현한다고 할 수 있습니다.

고백의 필요성

그리스도인의 고백은 다음과 같은 점에서 반드시 필요합니다.

첫째, 그리스도의 왕국은 본질상 영적이며 자발적이기 때문입니다. 우리가 그분을 섬기지 않겠다고 한다면, 우리는 그분의 대적이 될 것입니다. 그러나 만일 우리가 그분의 멍에를 메겠다고 한다면, 그분에 대한 사랑을 고백하는 것만큼 더 적절한 표현 방법은 없을 것입니다. 만일 아무도 그리스도의 친

---

[1] 역자주 – 이것은 KJV를 따른 설명이며, NIV에는 둘 다 'confession'으로 번역되어 있습니다. 개역개정 성경에도 둘 다 '증언'이라는 단어로 번역되어 있습니다.

구로서 이러한 선언을 하지 않는다면, 이 땅에 그분의 친구는 단 한 사람도 남지 않게 될 것입니다.

둘째, 그리스도에 대한 적절하고도 합당한 사랑의 고백은 다른 사람에게도 유익을 줍니다. 이러한 고백은 소심한 제자들에게 담대함을 줍니다. 또한 망설이는 사람에게 결단력을 주고, 어리석고 둔감한 사람을 일깨워 주며, 우리의 신앙을 실제화하고 생명력을 부여합니다. 그리스도에 대한 엄숙한 신앙 고백보다 더 큰 유익을 주는 것은 찾아보기 어렵습니다.

자신의 아내나 자식이나 형제가 그리스도인으로서 담대하게 신앙고백하는 것을 보는 순간 오랫동안 완고하고도 완악하게 굳어 있던 마음이 부드러워지는 사람들이 참으로 많습니다. 대제사장들과 백성의 장로들이 세리와 창녀가 요한을 믿는 것을 보면서도 끝내 뉘우쳐 믿지 아니한 것은, 그들의 마음이 얼마나 완악했는지를 보여 줍니다(마 21:32 참고).

셋째, 하나님의 말씀이 그리스도인으로서 고백할 것을 요구하기 때문입니다. 그것은 '선한 증언'(딤전 6:12)입니다. 헬라어로 '선하다'라는 말은 올바르고 사랑스러우며 아름답고 훌륭하다는 뜻입니다.

그리스도인으로서의 고백은 이 문제에 있어서 절대적인 권위를 가진 주님의 명령입니다. 이러한 주님의 뜻이 그분의 말씀 가운데 분명히 제시됩니다. "누구든지 여호와의 편에 있는 자는 내게로 나아오라"(출 32:26), "너희는 그들 중에서 나와서 따로 있으라"(고후 6:17 참고)라고 주님은 말씀하십니다. '너희 섬길 자를 오늘날 택하라'는 것입니다.

마지막으로, 그리스도인의 올바른 신앙고백에는 지극히 영광스러운 약속이 함께하지만, 구세주를 거절하는 자에게는 무서운 경고가 따릅니다. 장차 심판주로 오실 그분의 말씀에 귀를 기울이시기 바랍니다.

"누구든지 사람 앞에서 나를 시인하면 나도 하늘에 계신 내 아버지 앞에서 그를 시인할 것이요, 누구든지 사람 앞에서 나를 부인하면 나도 하늘에 계신 내 아버지 앞에서 그를 부인하리라"(마 10:32,33).

아울러 누가복음 12장 8,9절, 마가복음 8장 38절, 누가복음 9장 26절, 로마서 10장 9,10절 말씀과도 비교해 보시기 바랍니다.

고백의 내용

그렇다면 그리스도인의 고백 속에는 무엇이 담겨 있습니

까? 그리스도인의 고백은 다른 것이 아닙니다. 그것은 우리에게 알려진 하나님의 모든 진리를 그대로 인정하는 것입니다. 하나님의 말씀을 잘못 해석한 것이나 그 말씀과 다른 것을 고백하는 것은 하나님을 모독하는 것일 뿐입니다. 선한 고백은 바로 하나님의 진리에 충실한 고백입니다. 모든 거짓은 진리에서 비롯된 것이 아닙니다.

또한 그리스도인의 고백은 하나님의 모든 율례와 규례에 순종하겠다는 선언이기도 합니다. 명령을 지키지 않는 경건은 참된 경건이 아닙니다. 훌륭한 고백에는 언제나 여호와를 즐거워하고 그분의 백성을 섬기는 것을 본분으로 삼아 그분의 길로 행하며 그분을 본받아 사는 삶이 뒤따릅니다. 그런데 이것은 오직 모든 일에 있어서 그리스도께 겸손히 복종함으로써만 가능합니다.

그러므로 그리스도인의 고백은 다음의 것들을 반드시 갖추어야 합니다.

첫째, 진솔한 마음과 신실함입니다. 그것은 결코 위선적이거나 자기기만적이어서는 안 되며 진실해야 합니다. 그리스도인의 고백에는 어떠한 부족함이 있어서도 안 되며, 동정심의 차원이 되어서도 안 됩니다. 사랑이 없는 사랑 고백은 정직한 마음에 상처만 줄 뿐입니다.

둘째, 헛된 영광이나 허영심이 아닌 겸손입니다. 예후는 사람들에게 여호와를 향한 자신의 열심을 과시하였습니다. 그러나 사실 그는 무능하고 약한 피조물에 불과했습니다.

셋째, 그리스도인의 고백은 솔직하고 공개적이어야 합니다. 그리스도께서는 우리를 향한 사랑을 결코 숨기지 않으셨습니다. 우리 역시 그분에 대한 사랑을 숨길 수 없습니다. 왜 그렇습니까? 성경은 이렇게 말씀합니다.

"이같이 너희 빛이 사람 앞에 비치게 하여 그들로 너희 착한 행실을 보고 하늘에 계신 너희 아버지께 영광을 돌리게 하라"(마 5:16).

넷째, 그리스도인의 고백은 담대하고 두려움이 없어야 합니다. 예수 그리스도의 제자가 되는 것이 마치 용서라도 구걸해야 하는 일인 것처럼 행하는 것은 결코 옳지 않습니다.

"내가 복음을 부끄러워하지 아니하노니 이 복음은 모든 믿는 자에게 구원을 주시는 하나님의 능력이 됨이라"(롬 1:16).

그러나 오히려 반발을 부추기듯이 변명하는 식으로 진리를 선포하는 안타까운 경우도 있습니다. 우리는 어떤 일이 있어도 예수님의 편에 굳게 서야 합니다. 진리는 우리의 생명보다 소중합니다. 그러므로 진리를 위해서라면 우리의 생명도 아끼지 말아야 할 것입니다.

다섯째, 그리스도인의 고백은 죽는 날까지 영원히 지속되어야 합니다. 이 영적 전투를 중도에서 그만둘 수 있는 방법은 없습니다. 하나님은 "또한 뒤로 물러가면 내 마음이 그를 기뻐하지 아니하리라"(히 10:38)라고 말씀하셨습니다. 뿐만 아니라 이 일을 통해 우리에게 큰 위로와 격려를 주십니다. 앞서 간 모든 성도들이 그것을 증거합니다.

"또 약속하신 이는 미쁘시니 우리가 믿는 도리의 소망을 움직이지 말며 굳게 잡고"(히 10:23).

이러한 그분의 신실하심은 결코 중단되지 않을 것이며, 온 천지에, 그리고 모든 세대를 통해 영원히 계속될 것입니다.

³ 그리스도인의 생명
the Christian Life

'그리스도인의 생명'이라고 말할 때 흔히 우리는 다음 두 가지 중 하나를 가리킵니다. 첫 번째는 물과 성령으로 거듭난 마음에 심겨진 은혜로운 원리입니다. 두 번째는 그 은혜로운 원리가 표현되는 일반적인 방법입니다. 이제 이 두 가지 요소에 대해 살펴보겠습니다.

그리스도인의 생명의 신비

신자의 영혼에 있는 하나님의 생명은 놀라운 신비입니다. 물론 모든 생명의 영역이 아직도 우리에게 어느 정도 미지의 세계로 남아 있지만, 특히 하나님의 자녀의 생명은 경솔한 사람들의 인식을 훨씬 뛰어넘습니다.

사실 성도 그 자체가 감추어진 하나님의 사람들입니다. 그들은 '만나'라고 하는 숨은 양식을 먹고 자랍니다. 그들에게는 하나님의 비밀이 함께하며, 하나님은 그들에게 자신의 언약을 보여 주십니다.

그들의 생명은 그리스도와 함께 하나님 안에 감추어져 있습니다. 그래서 아직은 신자가 어둠 가운데 자신의 빛을 비출 때를 제외하고는 세상에 드러나지 않습니다. 그러나 참으로 그들의 생명이신 그리스도께서 나타나실 때 그들 역시 그분과 함께 영광 가운데 나타날 것입니다.

이러한 그리스도인의 생명은 초자연적입니다. 그것은 인간의 육신적인 능력을 훨씬 능가합니다. 앞 못 보는 사람이 눈을 뜨고, 못 듣는 사람의 귀가 열리며, 다리 저는 사람이 사슴과 같이 뛰어다니며, 죽은 자가 살아납니다. 이것은 하나님의 역사가 아니고서는 도저히 설명할 길이 없습니다.

하나님의 은혜로 새로운 피조물이 되기 전에 우리는 모두 죄와 허물로 죽은 상태에 있었습니다. 우리의 마음에는 끝없는 나락의 깊고도 **빽빽**한 구름과 흑암이 드리워져 있었습니다. 눈이 있어도 보지 못하고, 생각은 허망하며, 우리의 기억은 온갖 더러운 것들로 오염되어 있었습니다.

우리의 교묘함은 악하고도 어리석은 변명과 구실을 늘어놓기에 바빴으며, 우리의 의지는 왜곡되고 완악하였습니다. 우리는 놀랄 만큼 뻔뻔하고도 대담하게 죄를 범하였습니다.

이러한 우리의 옛 모습을 생각할 때 우리는 전율을 느끼지 않을 수 없습니다. 무엇보다도 하나님께 대적한 것이 가장 치명적인 모습입니다. 이러한 모습이 변하여 증오가 사랑으로 바뀌고 죄악 된 삶에서 거룩한 삶으로 돌아섰다면, 그것은 오직 하나님의 전능하신 능력에 의한 것임이 분명합니다.

이러한 생명은 우리가 도저히 알 수 없는 하나님의 길이며 성령의 은사입니다.

"바람이 임의로 불매 네가 그 소리는 들어도 어디서 와서 어디로 가는지 알지 못하나니 성령으로 난 사람도 다 그러하니라"(요 3:8).

그러므로 벌레 같은 인생이 하나님의 뜻을 다 알았노라고 주장하는 것은 망상이며 억측일 뿐입니다.

그리스도인의 생명은 그것을 경험하는 영혼에게 주어지는 새로운 생명입니다. 옛것은 지나갔습니다. 그리고 모든 것이 새롭게 변하였습니다. 그것은 다른 모든 새로운 생명과 같이 경이로운 것들로 가득합니다. 그것에 속한 모든 새로운 것들이 우리의 마음을 얼마나 기쁘게 하는지 모릅니다.

그러하기에 그것은 행복한 삶입니다. 여호와를 기뻐하는 것은 참으로 큰 능력이 되며, 그분과 함께하는 영혼에게는 언제나 놀라운 능력과 기쁨이 따릅니다.

이러한 생명은 우리 안에 항상 살아 있습니다. 그것이 언제나 동일한 힘으로 역사하는 것은 아니지만, 우리에게 끝까지 새로운 힘을 공급합니다.

당연한 말이지만, 그리스도인의 생명은 크신 긍휼입니다. 할례자의 사도인 베드로는 "우리 주 예수 그리스도의 아버지 하나님을 찬송하리로다. 그의 많으신 긍휼대로 예수 그리스도를 죽은 자 가운데서 부활하게 하심으로 말미암아 우리를 거듭나게 하사 산 소망이 있게 하시며"(벧전 1:3)라고 말합니다. 또한 이방인의 사도인 바울은 "긍휼이 풍성하신 하나님이 우리를 사랑하신 그 큰 사랑을 인하여 허물로 죽은 우리를 그리스도와 함께 살리셨고"(엡 2:4,5)라고 말합니다.

그리스도인의 생명의 증거

그리스도인의 생명은 다음과 같이 드러납니다.

첫째, 건강하고도 규칙적인 맥박을 통해서 드러납니다. 하나님의 자녀에게는 심장이 있으며, 그 진동은 결코 발작적이

거나 불규칙하지 않습니다. 왜냐하면 그리스도께서 그들 가운데 계시기 때문입니다. 즉, 그리스도인의 생명은 한결같습니다.

둘째, 그리스도인의 생명은 전능하신 하나님께 상달되는 부르짖음을 통해 드러납니다. 성경은 이제 막 회심한 바울에 대해 "그가 기도하는 중이니라"(행 9:11)라고 말씀합니다. 어떤 그리스도인도 기도 없이는 살 수 없습니다.

셋째, 그리스도인의 생명은 영적 양식을 섭취하려는 간절한 마음으로 나타납니다. 영적인 갓난아이는 성장하기 위해 신령한 말씀의 젖을 사모해야 합니다. 그리고 나중에는 장성한 사람에게 필요한 단단한 말씀을 사모해야 합니다.

넷째, 놀라운 은혜를 입은 자녀는, 교회의 거룩하고도 신령한 분위기와 하나님의 전에서 거행되는 예식들, 공동체가 함께 간구와 감사로 기도하고 찬양하는 아름다운 순간을 기뻐합니다.

다섯째, 이러한 그리스도인의 생명을 가진 사람은 성장할 것입니다. 그는 더욱 확고하고도 일관성 있는 신앙과 신령한 마음으로 점차 용기와 사랑과 믿음과 소망을 향해 한 걸음씩 나아갈 것입니다. 바울은 그들 중 특히 일부는 괄목할 만한 성장을 하였다고 말합니다.

여섯째, 그리스도인의 생명은 행동으로 나타납니다. 생명이 있는 곳에는 조만간 움직임이 나타나기 마련입니다. 때가 되면 거듭난 사람은 걷고 뛰며 하나님을 찬양할 것입니다.

언젠가 한 사람이 고대 철학자에게 "행동만큼 중요한 것은 없지요"라고 말했다고 합니다. 그러자 그 말을 듣고 있던 철학자는 한마디도 대꾸하지 않고 조용히 일어나 방으로 들어갔다고 합니다. 그것으로 충분한 대답이 되었던 것입니다.

그러므로 만일 누군가가 이 땅에는 그리스도의 생명이 존재하지 않는다고 말한다면, 우리가 여호와의 모든 계명과 율례를 행함으로써 그들이 잘못되었음을 알려 줍시다.

마음 깊은 곳에서부터 우러나오는 경건에는 진실함과 능력이 있습니다. 이 땅에서 그보다 더 강력한 것은 없습니다. 참된 경건을 상실한 세상은 오래 지속되지 못할 것이며, 사악한 세상은 끊임없이 심판받을 수밖에 없을 것입니다. 그러나 의인 열 명만 있었어도 평지의 성읍들을 구원할 수 있었던 것처럼, 선민을 위해 심판의 날은 감하여지고 은혜의 날은 연장될 것입니다.

4 그리스도인의 교훈
the Christian Doctrine

'닥트린Doctrine'이라는 단어는 성경에 50번 이상 등장합니다.[1] 이 단어는 다양한 의미를 지니고 있지만, 대체로 지식, 교훈, 가르침이라는 뜻으로 쓰입니다. 여기에서는 기독교 교리적 측면에서의 교훈과 관련된 내용을 다루려고 합니다.

그리스도인의 교훈이란

선지자와 그리스도, 사도들의 가르침에는 언제나 일관성과 통일성이 있었습니다. 말하자면 그들의 가르침 속에는 진리와 관련된 하나의 교리적 체계a system of truth가 있었던 것입니

---

1) 역자주 – 'Doctrine'이라는 단어를 우리 성경에서는 '교훈, 가르침' 등으로 번역하였습니다.

다. 그것은 이교도나 이슬람교, 다신교, 유대교의 가르침과는 다릅니다.

그리스도인의 교훈은 복음에 관한 진리를 포괄하고 있으며, 대체로 우리에게 주신 하나님의 말씀 속에 들어 있습니다. 특히 이 교훈은, 그리스도와 사도들이 구약성경을 해석하고 하나님의 생각과 뜻을 선포하면서 강조한 중요한 원리들로 구성되어 있습니다.

때때로 그리스도인의 교훈은 '반기독교 사상과 정반대되는 교훈'이라는 개념으로 사용되기도 합니다. 진리는 거짓과 반대됩니다. 솔로몬과 바울은 '선한 교훈 good doctrine'이라는 말을 사용하였습니다. 실제로 바울은 '선한 교훈'과 같은 의미인 '바른 교훈 sound doctrine'이라는 단어를 네 번이나 언급하였습니다.

참되고도 바른 교훈은 사람에게 기쁨을 줄 수도 있고 상처를 줄 수도 있지만, 모두 선한 것입니다. 성경은 이것을 '하나님의 교훈', '주의 교훈', '우리 구주 하나님의 교훈', '예수님의 교훈', '그리스도의 교훈', '사도의 가르침', '경건에 관한 교훈'이라고 부릅니다. 또한 이것과 '진리', '그리스도 안에 있는 진리', '예수 안에 있는 진리', '하나님의 진리', '진리의 말씀'을 동의어로 사용합니다. 성경의 다른 곳에는 '바른말',

'책망할 것이 없는 바른말'로 언급되기도 합니다.

또한 그리스도인의 교훈은 성경에서 흔히 말하는 '다른 교훈', '사람의 명령과 가르침', '철학과 헛된 속임수', '귀신의 가르침', '사람의 유전', '멸망하게 할 이단'이라는 말과 단순히 반대되는 의미로 사용되기도 합니다.

이와 같이 바른 교훈이 있는가 하면 거짓 교훈도 있고, 선한 교훈이 있는가 하면 악한 교훈도 있으며, 경건에 관한 교훈이 있는가 하면 경건에 반대되는 교훈도 있고, 신앙으로 양육하는 말씀이 있는가 하면 암세포와 같이 영혼을 파괴하는 가르침도 있습니다. 그러나 그리스도인의 교훈은 언제나 유익하고 안전하며 교훈적이어야 합니다.

그리스도인의 교훈과 거짓 교훈

우리는 그리스도인의 교훈과 그것에 반대되는 교훈을 구별할 수 있어야 합니다. 하나님께서는 우리에게 범사에 헤아려 좋은 것을 취하고, 영을 다 믿지 말고 시험해 보며, 그들의 가르침으로 판단하라고 말씀하십니다. 이것은 충분히 가능한 일이며, 많은 사람들이 그렇게 했습니다.

우리는 진리를 알 수 있습니다. '바리새인의 교훈'이나 '사두개인의 가르침'은 결코 그리스도의 교훈과 조화될 수 없습니다. '발람의 교훈'이나 '니골라당의 교훈'은 항상 진리와 의를 대적해 왔습니다. 그러한 교훈은 언제나 경건한 사람들에게 배척을 받았으며, 그것에 귀를 기울이는 사람을 파멸시켰습니다.

진리와 거짓은 빛과 어둠 이상으로 상극입니다. 밀가루와 비소arsenic는 구별하기 어려울 만큼 비슷하게 보이지만, 하나는 음식이 되고 하나는 독소가 됩니다. 그러므로 우리는 그리스도인의 교훈과 거짓 가르침을 분별해야 합니다.

그리스도인의 교훈은 이 땅의 산물이 아닙니다. 사람의 말이 아니라는 것입니다. 모든 구원의 진리는 하늘에서 온 것입니다. 그리스도는 "내 교훈은 내 것이 아니요 나를 보내신 이의 것이니라"(요 7:16)라고 말씀하셨습니다. 모든 사람이 동의한다고 해서 거짓말이나 지어낸 이야기가 진실이 될 수 있는 것은 아닙니다.

하나님의 거룩한 사람들은 오직 성령의 감동하심을 받아 말하였습니다. 하나님께서 말씀하셨다면, 그것은 모두 진리입니다. 그러므로 하나님이 말씀하지 않으신 것은 모두 진리가 아니거나 우리의 구원과 무관한 것입니다.

우리는 그리스도인의 교훈에 대해 알아야 하며, 그것을 사랑하고 기꺼이 받아들여야 합니다. 그것이 하나님의 성품과 그분의 통치와 경배에 관한 바른 시각을 갖게 할 것입니다.

우리가 구세주가 필요하다는 사실을 믿기 위해서는 먼저 자신이 죄인임을 믿어야 합니다. 사람들은 바른 정서의 결핍이나 편견, 또는 교만 때문에 진리를 거부합니다. 성경은, 사람들이 거짓 교훈을 믿는 것은 '진리의 사랑을 받지 않았기' 때문이며, 이것은 그들의 악한 마음 상태를 보여 준다고 말씀합니다(살후 2:10 참고).

하나님을 경외하는 자라면 누구나 진리를 사랑합니다. 우리의 구원은 바로 그리스도의 진리를 받아들이느냐의 여부에 달려 있습니다.

"믿지 아니하는 자는……벌써 심판을 받은 것이니라"(요 3:18).

"너희가 만일 내가 그인 줄 믿지 아니하면 너희 죄 가운데서 죽으리라"(요 8:24).

"그들을 진리로 거룩하게 하옵소서. 아버지의 말씀은 진리니이다"(요 17:17).

이러한 말씀은 성경의 교훈을 마음으로 받아들이는 것이 영생을 보장하는 핵심 요소임을 보여 줍니다.

거짓 교훈은 우리를 편협과 참람(僭濫)함과 미신으로 인도할 뿐, 결코 거룩함으로 인도하지는 못합니다. 또한 거짓 교훈은 모든 면에서 하나님의 영광을 가립니다. 그것은 양심을 더럽히고 마음을 타락시키며 정신을 흐리게 하고 헛된 생각을 품게 합니다.

반면에 진리는 우리를 경건으로 인도합니다. 영감을 받은 자들이 하나님의 백성에게 용기와 성실과 겸손과 자비와 거룩함을 촉구한 것은, 허탄한 이야기를 꾸며 낸 것이 아니라 성경의 위대한 진리를 제시하고 있는 것입니다.

하나님의 친구 된 그들은 마음대로 진리의 일부분을 제외시키지 않습니다. 하나님의 교훈을 조금이라도 제외시키는 자는 결코 멸망을 면하기 어려울 것입니다. 거짓을 믿는 것은 매우 불안한 징후입니다.

"그러나 우리나 혹은 하늘로부터 온 천사라도 우리가 너희에게 전한 복음 외에 다른 복음을 전하면 저주를 받을지어다"(갈 1:8).

우리는 그리스도인의 교훈을 굳게 붙들어야 할 뿐만 아니라 거짓 교훈을 과감히 끊어 버려야 합니다. 바리새인의 손에는 상당한 진리가 있었으나 그들이 버리지 못했던 조상의 유전으로 인하여 그 모든 것이 무익해졌습니다.

우리는 어떤 희생과 위험이 따르더라도 그리스도의 교훈을 붙들어야 합니다. "진리를 사되 그것을 팔지 말라"라고 했습니다. 수많은 사람들이 예수 그리스도를 증거하기 위해 목숨을 버렸습니다. 그들은 그 일을 지혜롭게 감당하였습니다. 자신의 생명을 내놓음으로써 자신의 영생을 더욱 확고하게 하였던 것입니다.

이 땅의 시민의 자유와 종교의 자유, 모든 종교적 진리는 그리스도인의 교훈을 위해 자신의 목숨을 아낌없이 버린 자들의 고난으로 인한 열매입니다. 이 사실을 보여 주는 것은 어렵지 않습니다.

5 그리스도인의 성품
the Christian Character

성품이라는 말은 종종 평판이라는 의미로 사용되기도 합니다. 그러나 엄밀히 말해서 이 단어는 사람을 통제하는 원리나 영향력에 대한 언급이라고 할 수 있습니다. 즉, 성품은 생각과 마음에 새겨진 인장과 같은 것으로서, 여러 가지 요소의 영향을 받아 영혼에 만들어진 결과물의 총체라고 할 수 있습니다.

그리스도인의 고유한 성품

그리스도인에게도 고유한 성품이 있습니다. 이 성품은 그리스도인과 불신자 간의 차이를 보여 줍니다. 무신론자도 사람을 채용할 때 그리스도인과 불신자 사이에 차이가 있음을 인정합니다.

하나님의 말씀 가운데 사용된 사람에 대한 여러 가지 호칭을 보면 이들이 얼마나 큰 차이가 있는지를 알 수 있습니다. 어떤 사람은 지혜로운 사람으로 불리고, 어떤 사람은 어리석은 사람으로 불립니다. 어떤 사람은 의인으로, 어떤 사람은 악인으로 불립니다. 어떤 사람은 의로운 사람으로, 어떤 사람은 불의한 사람으로 불립니다. 어떤 사람은 경건한 사람, 어떤 사람은 패역한 사람으로 불립니다. 어떤 사람은 하나님의 친구로, 어떤 사람은 그의 대적으로 불립니다. 어떤 사람은 하나님의 자녀로, 어떤 사람은 마귀의 자녀로 불립니다.

그리스도인은 이 세상에서 나그네요 순례자이지만, 불신자는 세상에 속한 사람들입니다. 이들의 성품에는 큰 차이가 있습니다. 성경에서도 그렇게 말씀합니다. 그렇다면 이것이 왜 타당한지를 살펴보겠습니다.

첫째, 어떤 사람은 다른 사람보다 하나님의 은혜를 특별히 많이 받았습니다. 바울과 네로를 비교해 보십시오. 둘 다 무자비한 박해자였습니다. 예수께서 사랑하신 부자 청년과 삭개오를 보십시오. 둘 다 욕심 많은 속물이었습니다. 십자가에 달렸던 두 강도는 어떻습니까? 둘 다 죽어 마땅한 사람들이었습니다. 그러나 그들의 마지막은 얼마나 큰 차이가 있습니까?

모든 그리스도인은, 하나님께 죄 사함을 받아 그의 사랑하시는 자 안에서 용납하심을 얻고 그분이 주시는 복을 누리며 구원의 하나님을 통해 의롭다하심을 받았습니다. 그들은 성령의 능력을 통하여 영적으로 새롭게 태어났습니다. 그리고 하나님의 법이 새겨진 새로운 마음을 받았습니다.

이와 같이 그리스도인은 새로운 피조물이 되었기 때문에, 이러한 복을 받지 못한 사람과 같아지거나 그렇게 살거나 행동하는 것은 있을 수 없는 일입니다.

둘째, 그리스도인은 악인보다 더 많은 것을 보았습니다. 그들은 눈을 떠 하나님의 말씀을 통해 온갖 신기한 기사들을 보았습니다. 그리스도는 그들 안에서, 그들에게 계시되었습니다. 그들은 믿음의 눈을 통해 보이지 않는 그분을 바라볼 수 있게 되었습니다. 그리고 불멸하시는 하나님의 영광스러운 성품의 놀라운 빛에 사로잡혔습니다. 그런데 어떻게 그들이 가난하고 눈먼 자, 하나님에게서 멀리 떨어져 그분을 볼 수 없는 자들과 같은 행동을 하고, 그들처럼 살아갈 수 있겠습니까?

셋째, 그리스도인은 악인보다 더 많은 것을 들었습니다. 그들의 귀는 하나님의 은혜로 새로워졌습니다. 그들은 하나님의 음성을 듣고 새 생명을 얻게 되었습니다. 무덤 속에 있는 나사로와 같이, 그들은 "나오라"라고 하는 하나님의 아들의 음성을 들었으며, 그것에 순종할 수 있는 힘이 있었습니다. 또한 사랑의 음성을 들었습니다. 피 흘리신 긍휼의 온유한 음성을 들었습니다. 그러하기에 이러한 사람은 그러한 음성을 듣지 못한 사람과는 확실히 다릅니다.

넷째, 그리스도인은 죄인들보다 더 많은 것을 느꼈습니다. 그들은 모두 마음의 할례를 받은 자들입니다. 그들의 영혼은 악인이 전혀 관심을 갖지 않는 것들에 대한 기쁨으로 가득합니다. 그들의 마음은 악인이 아무런 감동도 느끼지 못하는 것들에 대한 열정으로 타오른 적이 얼마나 많은지 모릅니다. 주께서는 그리스도인의 마음을 열어 구원에 관한 것들에 관심을 쏟게 합니다. 그리하여 이제 그들의 마음은 이전과는 전혀 다른 방식으로 생각하게 되었습니다.

다섯째, 그리스도인은 진지하고도 경건한 마음으로, 자신이 아니라 하나님을 위해 살겠다고 다짐합니다. 그리스도인에게는 하나님에 대한 서원誓願이 있습니다. 그리스도인은 여호와의 율례를 지키겠다고 맹세합니다.

그러나 세상 사람은 결코 그러한 마음의 서원을 하지 않습니다. 그들의 서원이 위선적인 것이 아니라고 하더라도, 적어도 그들에게는 하나님을 영화롭게 하려는 뜻이 없는 것이 분명합니다. 양심의 두려움이나 고통스러운 상황, 또는 죽음의 공포 때문에 맹세했던 서원은 다시금 평온이 찾아오면 잊어버리고 맙니다.

그러나 선한 의도와 엄숙한 서원, 확고한 목적을 지니고 있는 그리스도인은 죄인들과 구별되는 결연한 성품을 소유하고 있을 수밖에 없습니다. 비록 그들이 선한 일을 쉽게 시작하지 못하고 주저할 수도 있지만, 일단 쟁기를 잡은 후에는 결코 뒤돌아보지 않습니다.

여섯째, 그리스도인은 세상 죄인들보다 더 크고도 위대한 것들을 진지하고도 실제적으로 소망합니다. 세상 사람들은 자기 의와 잘못된 신앙에 근거한 일시적이고도 헛된 소망을 가지고 있습니다. 그러나 그리스도인은 하나님의 말씀에 근거한 살아 있는 소망을 가지고 있습니다.

그리스도인의 이 소망은 진리와 진리의 영이 일깨워 준 것입니다. 그들의 소망은 하나도 **빠짐없이** 성취될 것입니다. 그리고 이러한 소망은 장차 있을 갈등이나 마지막 싸움에서 우리가 상상하는 것보다 훨씬 큰 힘이 될 것입니다. 생명의 면류관은 우리의 생각보다 훨씬 더 영광스러울 것입니다. 따라서 그리스도인에게는 전적으로 거룩하고도 경건한 인격과 삶을 통해 다가올 하나님의 날을 간절히 바라보면서 사는 것 외에는 다른 길이 있을 수 없습니다.

그리스도인은 하나님을 경외하는 가운데 온전한 거룩을 이루어 나가야 합니다. 또한 이 악한 세대에서 진지하고도 의로우며 경건하게 살아야 합니다.

그리스도인의 성품은 하나님을 대적하는 자들의 성품과는 다릅니다. 대적들도 그리스도인이 예수님과 함께 있다는 사실을 알고 있습니다. 주 안에서 함께 그리스도인이 된 자들은 서로에게 관심을 가지고 다가갑니다. 그들은 하나님 앞에서 사는 자이며, 하나님께서는 그들의 죽음을 귀하게 여기십니다.

진리의 파수꾼, 프레스톤 목사

프레스톤 목사Rev. WM. Preston, D.D.의 사례를 소개하겠습니다.

금세기 초 미국의 코네티컷 주에서 한 아이가 태어났습니다. 세월이 지나 건장한 청년으로 자라난 그는 세심한 준비 끝에 성직에 몸을 담게 되었습니다. 그는 미국성공회 교단에 소속되었으며, 오하이오 주 콜럼버스에서 두 번이나 목회자로서 주님을 섬겼습니다. 그리고 두 번은 그보다 오랫동안 펜실베니아 주의 피츠버그에서 사역하였습니다.

그는 그곳에서 약 30년간의 황금기를 바쳤습니다. 그리고 많은 하나님의 사람들이 그랬던 것처럼, 그는 안식일 아침 일찍 세상을 떠났습니다. 그날은 4월 25일이었습니다. 평소에 섬기던 교회와 수많은 성도들이 '손으로 지은 집'에 모였을 때, 그는 처음으로 '하늘에 있는 성전'의 할렐루야에 동참하였습니다.

번연은 "크리스천Christian과 소망Hopeful이 하늘의 도성에 도착했을 때, 그때 나는 꿈속에서 그 성의 모든 종이 울리며 주의 기쁨에 동참하라는 소리를 들었다"[1]라고 말합니다.

프레스톤 목사가 죽던 날은 그가 지금껏 경험한 최상의 안식일이었습니다. 그와 같은 사람들에게는 죽는 날이 태어나는 날보다 아름다운 것입니다.

그는 풍파 많은 세상에 울음소리와 함께 태어났습니다. 그러나 이제 "구원하심이 하나님과 어린양에게 있도다"(계 7:10 참고)라고 소리치며 하늘나라로 들어간 것입니다. 이 땅에서는

---

[1] 역자주 – 존 번연의 『천로역정』(Pilgrim's Progress) 중의 일부입니다.

주님과 자신만이 알고 있는 눈물과 슬픔이 있었으나, 이제 주 하나님께서 그의 얼굴에서 모든 눈물을 씻겨 주실 천상의 교회에서는 더 이상의 슬픔은 없을 것입니다.

프레스톤은 참으로 사랑스러운 사람이었습니다. 그는 본래 온화한 사람이었으며, 그의 성품은 은혜로 가득하였습니다. 그는 주위의 그 누구에게도 험한 말을 하거나 불쾌한 기색을 나타내지 않았습니다. 그는 교파를 초월하여 모든 하나님의 사람들을 사랑하였으며, 그의 영혼은 경건한 사람들이 일반적으로 바라고 믿고 견디어야 할 모든 것들을 바라고 믿고 견디는 사랑으로 충만하였습니다.

프레스톤은 천성적으로나 원리적으로나 실제적으로 결코 편협한 사람이 아니었습니다. 그는 자신이 속한 교단만이 도덕적으로 탁월하다고 믿는 편협한 견해나 감정을 싫어하였습니다.

그는 종종 다른 교회 성도들과도 하나님의 집으로 가서 함께 기도하며 찬양하였습니다. 나는 그가 회중 가운데 유일한 성공회 교인이었을 때 그에게서 들었던 기도보다 더 온화하고도 복음적인 즉흥 기도를 들어 본 적이 없습니다.

프레스톤은 은혜에 관한 교리를 정말 사랑하였습니다. 그는 바울이 가르친 교리, 어거스틴Augustine과 칼빈Calvin을 비롯한 영국의 훌륭한 개혁자들이 가르친 교리를 굳게 믿었습니다. 그는 이 주제에 대해 결코 애매모호한 주장을 하지 않았습니다. 그의 신앙이 확고한 뿌리를 내리고 있었기 때문입니다.

그는 결코 새로운 신학적 진리를 발견하려고 시도하거나 그런 척하지 않았습니다. 그는 여호와께서 예레미야를 통해 하신 말씀에 귀를 기울였습니다.

"너희는 길에 서서 보며 옛적 길 곧 선한 길이 어디인지 알아보고 그리로 가라. 너희 심령이 평강을 얻으리라"(렘 6:16).

어떤 사람은 그에 대해 이렇게 말하였습니다. "이 지역의 목회자와 그리스도인뿐만 아니라 사실상 모든 공동체는, 그리스도의 신실한 종이자 누구보다 깨끗한 성품을 지닌 목회자요 사랑으로 충만했던 신사이며 그리스도 안에서 형제였던 그의 죽음을 진심으로 애도하였습니다." 이 말은 사실이었습니다.

프레스톤과 저의 우정은 20년 넘게 이어졌습니다. 그동안 그는 언제나 어머니처럼 온화하고 바위같이 굳세며 사자와 같이 용맹한 참으로 신실한 사람이었습니다.

우리는 종종 하나님의 나라의 일들에 대해 이야기를 나누었는데, 그에게서 하나님의 나라에 대해 의심하는 말을 한 번도 들은 적이 없습니다. 또한 저는 그에게서 그 어떤 소란에도 결코 동요하는 모습을 본 적이 없습니다. 그는 진리의 파수꾼이었으며, 어떤 거짓도 용납하지 않았습니다.

프레스톤과 같은 사람의 죽음은 우리로 하여금 죽음에 대한 용기를 가지게 합니다. 지금 그가 속한 나라는 온 우주에서 선발된 가장 탁월하고도 거룩한 사람들로 구성되어 있습니다. 이 땅을 떠난 선택된 영혼은 이제 더 이상 악한 사람의 괴롭힘이나 힘든 수고가 없는 세계에서 보좌를 향해 경배를 드리는 무리와 하나가 되었습니다. 이처럼 말로 다 할 수 없는 선물을 주신 하나님을 생각할 때 우리는 감사하지 않을 수 없습니다.

6 그리스도인의 순진함
the Christian Simplicity

순진함의 의미

'심플 simple 순진하다'이라는 단어는 영어성경에서나 일반적인 용례에서 종종 '어리석다, 둔하다, 겉모양만 보고 쉽게 속아 넘어가다' 라는 의미로 사용됩니다. 이 경우에 순진하다는 말은 지혜와 반대되는 의미로 사용되는 것입니다.

예를 들어, "슬기로운 자는 재앙을 보면 숨어 피하여도 '어리석은' 자는 나가다가 해를 받느니라"(잠 22:3), "에브라임은 '어리석은' 비둘기같이 지혜가 없어서 애굽을 향하여 부르짖으며 앗수르로 가는도다"(호 7:11)라는 말씀은 모두 이러한 용례를 보여 줍니다.

어리석게 태어난다는 것은 결코 좋은 일이 아닙니다. 그러나 악한 사람과 악한 유혹에 이끌려 바보가 되는 것은 더욱 나쁜 일입니다. 이런 의미에서의 순진함, 즉 어리석음은 결코 권장할 것이 못 됩니다. 그것은 악의 열매이자 원인이 되기 때문에 가장 나쁜 종류의 순진함이라고 할 수 있습니다.

그러나 어리석은 사람은 때때로 약하고 무식하며 쉽게 속기도 하지만, 정직하고 진리를 찾는 사람입니다. 그러하기에 지혜wisdom는 큰 잔치를 배설한 후에 "어리석은 자는 이리로 돌이키라"(잠 9:4)라고 초청한 것입니다.

또한 순진함이라고 번역될 수 있는 단어 가운데 한 단어는 '건강, 건전함, 병이 없음'이라는 의미도 가지고 있습니다. 따라서 '하나의 눈a single eye'은 성한 눈a good eye을 의미하며, 눈이 밝다는 의미로 사용됩니다(마 6:22, 눅 11:34 참고).

에베소서 6장 5절과 골로새서 3장 22절에서는 동일한 의미로 사용된 '싱글니스singleness'라는 명사형 단어를 볼 수 있는데, 여기에서는 곧고 성실한 마음이라는 뜻으로 사용되었습니다.

또한 순진함은 인색함이나 괴롭힘과는 상반되는 '선, 온유함, 관대함'이라는 뜻도 가지고 있습니다. 이러한 의미는 "구제하는 자는 성실함simplicity으로"라는 로마서 12장 8절 말씀에서 찾을 수 있습니다. 이 단어는 고린도후서 8장 2절에서는 풍성함으로, 9장 11절에서는 넉넉함으로 번역되었습니다.

끝으로 이 단어에는 '해를 끼치지 않는, 악의가 없는, 악에 익숙하지 않은, 해가 되지 않는'이라는 의미도 있습니다. 바울은 "너희가 선한 데 지혜롭고 악한 데 미련simple하기를 원하노라"(롬 16:19)라고 말했습니다.

주님의 말씀 가운데서도 이와 동일한 표현을 볼 수 있습니다.

"너희는 뱀같이 지혜롭고 비둘기같이 순결하라"(마 10:16).

바울도 이와 같이 "모든 일을 원망과 시비가 없이 하라. 이는 너희가 흠이 없고 순전하여 어그러지고 거스르는 세대 가운데서 하나님의 흠 없는 자녀로"(빌 2:14,15)라고 말하였습니다.

악에 대한 미련함

그렇다면 악한 데 미련하다는 것은 무슨 뜻입니까? 그것은 선한 데 대하여 언제나 지혜롭다는 말입니다. 다시 말해서 문자 그대로의 미련함이 아니라는 말입니다. 그러나 거듭나지 않은 사람에게는 이러한 것이 어리석게 보일 수도 있습니다. 왜냐하면 이들은 악한 길로 달려가기보다는 차라리 고난받는 삶을 기꺼이 선택하기 때문입니다.

그들에게는 악한 기교나 악의가 없습니다. 그들은 속아 넘어가지 않을 만큼 지혜롭지만 그러면서도 순진하기 때문에 속이는 자가 되지도 않습니다. 그들은 악에 관한 한 어린아이와 같지만, 깨달음에 있어서는 성숙한 사람입니다.

경건한 사람이 거짓된 세상의 기교나 교활함에 있어서 전문가가 되는 것은 결코 바람직한 일이 아닙니다. 고대인 가운데는 왕이나 철학자가 춤을 잘 추는 것을 비난한 사람도 있습니다. 이와 같이 그리스도인이 육신적이고도 세상적인 일을 향상시키고 발전시키기 위해 인간적 방식이나 기교에 능한 사람이 되는 것은 부끄러운 일입니다.

복음에서 비롯된 순진함은 경건한 진실에 가깝습니다.[1] 그것은 이중성을 싫어하며, 그 속에는 언제나 진실함을 내포하고 있습니다. 그리고 결코 굽은 길을 용납하지 않으며, 무엇에든지 바르고 솔직하며 정직하고 의롭습니다.

그것은 바르기 때문에 사랑스러우며, 어떠한 악도 용납하지 않습니다. 그 입술은 저주와 악독으로 더럽혀지지 않고, 그 손은 행악으로 물들지 않으며, 그 발은 피로 젖지 않습니

---

1) 고후 1:12 우리가 세상에서 특별히 너희에 대하여 하나님의 거룩함과 진실함으로 행하되 육체의 지혜로 하지 아니하고 하나님의 은혜로 행함은 우리 양심이 증언하는 바니 이것이 우리의 자랑이라.

다. 그것은 저주 대신 풍성한 복을 빕니다.

그것은 소심하지 않고 용감하며, 겸손하지만 비굴하지 않습니다. 그것은 담대하지만 거칠지 않고, 언제나 고명高明한 일을 도모하며, 특히 보이지 않는 선을 추구합니다. 그것은 자랑하거나 과시하지 않으며, 그렇다고 드러나는 것이 두려워 선을 행하기를 주저하지도 않습니다.

이처럼 훌륭한 성품을 소유한 사람에게는 자신을 부인하는 일만큼 쉬운 것도 없습니다. 대부분의 사람들이 쩔쩔매는 유혹조차 이들에게는 힘을 발휘하지 못합니다. 그들의 가장 큰 힘은 선한 목자 되신 하나님의 품을 향해 은혜의 보좌 앞으로 더욱 가까이 나아가는 것입니다.

그것은 더욱 힘써야 할 은혜로운 성품입니다. 하나님의 말씀과 기도와 연단, 그리고 악한 길을 버리고 순수한 마음과 정신을 가진 사람들을 가까이함으로써 그것을 더욱 강화시킬 수 있습니다. 이에 관한 가장 확실한 사례는 순진함의 교훈에 관한 학습 현장에서 발견됩니다.

이러한 성품은 한순간에 얻을 수 있는 것이 아닙니다. 그러하기에 우리는 그것을 얻기 위해 더욱 힘써 수고하고 간절히 기도해야 합니다. 순진함에 배치背馳되는 삶이 우리를 유혹하면 할수록 우리는 더욱더 마귀를 대적하여 쫓아 버려야 합니다.

우리에게는 주 예수 그리스도라는 가장 확실한 표본이 있습니다. 그분은 사람의 마음을 아시기 때문에 자신을 다른 사람에게 의탁하지 않습니다. 반면 그분의 능력이나 주관하심에 자신을 맡긴 사람은 누구나 그로 인해 복을 누렸습니다.

그분이 무엇인가를 주실 때에는 언제나 풍성하게 부어 주셨으며, 책망하실 때에는 온유와 자비로 하셨습니다. 그분의 초청에는 언제나 인간을 초월하는 자비하심이 함께하였습니다. 또한 그분의 시선은 언제나 한곳에 고정되어 있었고, 그분의 마음은 일편단심 진실하였으며 사랑으로 가득하였습니다. 그분의 생각과 정신은 언제나 순수하고 맑았습니다. 그러므로 우리 모두도 예수 그리스도와 같은 자가 되어야 합니다.

7 그리스도인의 길
the Christian's Way

"무릇 의인들의 길은 여호와께서 인정하시나 악인들의 길은 망하리로다"(시 1:6).

모든 사람에게는 자신의 길이 있습니다. 행위는 성품을 보여 주는 지표입니다. 또한 습관이 사람의 인격을 형성합니다. 마찬가지로 하나님과 사람 앞에서의 행동은 그 사람이 어디로 향하고 있는지를 말해 줍니다.

죄인의 길은 악하고 거짓되며, 거칠고 해롭고 위험하며 파괴적입니다. 그것은 사람을 지옥으로 이끕니다. 그 길의 마지막 도착지는 오직 한 곳뿐이며, 결국 가장 비통하고도 쓰라린 통곡으로 끝날 것입니다. 그러하기에 하나님을 대적하는 것보다 미친 짓은 없습니다.

마찬가지로 그리스도인에게도 길이 있습니다. 신자는 도the way를 좇는 자입니다. 학자들은 사도행전 9장 2절의 '이 도를 따르는 사람any of this way'[1]이라는 표현을 '그 도를 따르는 사람any of the way'이라고 보는 것이 바른 해석이라고 말합니다.

마찬가지로 사도행전 19장 9절에 나타나는 "사람들이 이 도that way를 비방하였다"라는 표현 역시 사실 그들이 '그 도the way' 즉, '하나님의 도, 경건한 사람들의 도'를 비방한 것을 의미합니다.

구약성경에서 사용된 '길way'이라는 단어도 이와 동일한 의미를 지닙니다. 어떤 의미에서 그리스도 자신이 신자들의 길입니다. 예수님은 "내가 곧 길이요 진리요 생명이니 나로 말미암지 않고는 아버지께로 올 자가 없느니라"(요 14:6)라고 말씀하셨습니다. 이처럼 우리의 영혼은 오직 그리스도를 통하여 하늘의 영광에 동참할 수 있습니다.

"내가 진실로 진실로 너희에게 이르노니 문을 통하여 양의 우리에 들어가지 아니하고 다른 데로 넘어가는 자는 절도며 강도요"(요 10:1).

"그러므로 예수께서 다시 이르시되 내가 진실로 진실로 너희에게

---

[1] 역자주 – 여기에서의 영어 번역은 KJV을 따른 것이며, NIV에서는 'the way'라는 표현을 사용하고 있고, 개역개정 성경에도 '그 도를 따르는 사람'이라고 번역되어 있습니다.

말하노니 나는 양의 문이라"(요 10:7).

또한 그리스도인은 동일한 방식으로 하늘의 여정을 계속할 수 있습니다. 그들은 그리스도를 주로 받았으므로 그분 안에서 행합니다. 바울은 자신이 '그리스도 안에서 발견'(빌 3:8,9 참고)되기를 간절히 소망하였습니다. 이것은 영광과 존귀의 길을 걷고 있는 모든 자에게 동일하게 해당됩니다.

하나님의 길

그리스도인의 길은 '진리의 도길, the way'(벧후 2:2)입니다. 영감을 받은 자들은 그렇게 불렀습니다. 그것은 참된 도입니다. 그 안에는 조금의 실수나 잘못도 없습니다. 그것은 결코 속이지 않으며 아무도 실망시키지 않습니다. 그것은 지어낸 이야기나 소설이 아닙니다. 그것은 오직 진리에 바탕을 두고 있으며 영원합니다.

이 도는 지혜로우며, 결코 어리석음을 용납하지 않습니다. 그래서 그것은 명철의 길이라고도 불립니다. 그 안에서 행하지 않는 자는 결코 지혜로울 수 없습니다. 그보다 큰 지혜는 없습니다. 이 길을 버리는 것은 사망을 자초하는 일입니다.

또한 그리스도인의 길은 '의의 길도'(벧후 2:21)입니다. 그 길은 의롭다함을 얻는 길입니다. 사람은 오직 그 길을 통해 죄 사함을 받습니다. 그렇지 않으면 아무도 의롭다함을 받을 수 없습니다. 그 길은 개인적인 의의 길입니다. 그 길은 '선하고 의로운 길'(삼상 12:23)입니다.

또한 그것은 '거룩한 길' 입니다. 구약시대의 선지자들은 이렇게 말하였습니다.

"거기에 대로가 있어 그 길을 거룩한 길이라 일컫는 바 되리니, 깨끗하지 못한 자는 지나가지 못하겠고 오직 구속함을 입은 자들을 위하여 있게 될 것이라. 우매한 행인은 그 길로 다니지 못할 것이며"(사 35:8).

그러하기에 그리스도인의 길을 '하나님의 도'(행 18:26)나 '주의 도'(시 27:11)라고 부르는 것은 조금도 놀라운 일이 아닙니다. 그것은 하나님이 택하고 지명하고 사랑하시는 길입니다. 하나님이 이 길에 함께하시고, 은혜로 충만하게 하십니다. 그 길로 다니는 자는 하나님과 함께 다니는 것입니다. 그런 자에게 하나님은 벗, 인도자, 목자, 아버지, 최상의 기쁨이 되십니다.

성령의 충만함을 입은 사가랴가 '평강의 길'(눅 1:79)에 대해 언급한 것도 전혀 이상할 것이 없습니다. 그것은 우리의 마음과 양심에 평화를 가져다줍니다. 그것은 하나님과의 화목을 보장하고 의인과 함께 평화로 인도합니다. 뿐만 아니라 모든 사람에게 정결하고도 사랑으로 가득한 감정을 불러 일으킵니다.

생명과 구원의 길

그리스도인의 길은 '생명의 길, 구원의 길'입니다(잠 6:23, 15:24, 렘 21:8, 행 16:17 참고). 이 길을 걷지 않는 자는 모두 죄와 허물로 죽은 자들입니다. 그들은 바른길을 떠나 멸망으로 향하고 있습니다.

반면 이 길을 걷는 자들은 가장 고차원적인 의미에서 살아 있는 자들입니다. 그들은 그리스도에게 속한 사람들입니다. 그리스도가 살아 계시기에 그들도 살 것입니다. 그들은 이 땅에서 하나님의 저주와 진노로부터 구원을 받았습니다. 가장 선하고 고상한 의미에서 구원을 받은 것입니다.

이 길은 좁고 협착하며 험난합니다.

"생명으로 인도하는 문은 좁고 길이 협착하여 찾는 자가 적음이라"(마 7:14).

세심한 주의를 기울이지 않으면 이 길을 걸을 수 없습니다. 악한 생각이나 정욕에 사로잡힌 자들은 이 길을 갈 수 없습니다. 그들은 자신을 부인하는 법을 배우고 실천해야 합니다. 그들은 완고해져서는 안 되며, 강력한 통제에 굴복하는 법을 배워야 합니다. "의인이 겨우 구원을 받으면"(벧전 4:18)이라고 했습니다.

또한 이 길은 곧고 바르며, 결코 굽지 않습니다. 반면에 죄는 언제나 뒤틀리고 왜곡되어 있습니다. 경건한 사람은 그러한 모든 거짓된 길을 미워합니다. 그는 일구이언하지 않으며, 두 마음을 품지도 않습니다. 그는 언제나 진심을 이야기하며, 표리부동하지 않습니다. 그는 마음속에 있는 진실을 말하며 언제나 정직하게 행합니다.

그리스도인의 길은 '살아 있는 길a living way'입니다(히 10:20 참고). 그것은 죽어 있거나 무감각하지 않고, 활기찬 생기로 가득합니다. 그것은 가장 확실한 바탕 위에서 최상의 소망을 북돋워 줍니다.

어떤 의미에서 그 길은 극도의 주의와 진지함이 요구되는 힘든 길입니다. 그러나 그럼에도 불구하고 '즐거운 길'(잠 3:17)입니다. 이 길을 힘들지 않게 갈 수 있는 것은 하나님의 은혜 때문입니다.

죄인의 길은 그렇지 않습니다. 그들은 비참한 노예 상태로

끌려갑니다. 그러나 의인은 선한 주인을 섬깁니다. 그분은 무거운 십자가의 한쪽 끝을 들어 주십니다. 그러하기에 그의 멍에는 쉽고 그의 짐은 가볍습니다.

오직 하나뿐인 완전한 길

때로는 그리스도인의 길이 드러나지 않을 때도 있습니다. 그의 의도나 계획이 감추어져 있고, 그의 동기도 분명하지 않습니다. 중요한 것은 그의 진심이 무엇이냐 하는 것입니다. 만일 그리스도인이 자신의 마음대로 할 수만 있다면, 그는 죄와 유혹을 영원히 끝냈을 것입니다.

때로는 비방이나 편견이나 가난이나 고난이 그를 덮어 가리기도 합니다. 그러나 그의 길은 하나님 앞에서 숨길 수 없으며, 그에 대한 심판도 결코 그 길을 그냥 지나치지 않습니다. 때가 되면 여호와께서 그의 의를 빛같이 나타내시고 정오의 빛같이 하실 것입니다.

이 길은 쉽고 분명합니다. 하나님의 가르침을 받는 정직한 마음은 결코 그 길을 잃을 수 없습니다. 하나님은 그리스도 안에서 어린아이나 성숙하지 못한 사람들에게도 그 길의 영광스러운 신비를 보여 주십니다. 그러므로 단순하지만 정직한 마음을 소유한 사람은 분명히 진리를 발견할 것입니다.

이 길은 결코 새로운 길이 아닙니다. 수많은 성도들이 이미 이 길을 걸어갔습니다. 아벨, 에녹, 욥, 다니엘, 바울, 요한을 비롯하여 주를 그리스도로 고백하는 많은 성도들과 순교자들이 이 길을 걸어갔습니다.

시대마다 나타나는 어리석은 죄 가운데 하나는 바로 새로운 길을 찾으려는 시도와 노력입니다. 그러나 하나님은 이러한 생각을 꾸짖으십니다.

"여호와께서 이와 같이 말씀하시되 너희는 길에 서서 보며 옛적 길 곧 선한 길이 어디인지 알아보고 그리로 가라. 너희 심령이 평강을 얻으리라"(렘 6:16).

성도의 길은 오직 하나밖에 없습니다. 그리스도인의 길이 다양한 것처럼 보인다고 해서 당황할 필요는 없습니다. 구원의 길은 오직 하나밖에 없기 때문입니다. 하나님은 자기 백성에게 '한 마음 one heart'과 함께 '한 길 one way'(렘 32:39)을 주겠다고 약속하셨습니다.

그리스도인의 길은 모두 하나님의 말씀 가운데 자세히 제시되어 있으며, '주의 법도들의 길'(시 119:27), '주의 계명들의 길'(32절), '주의 율례들의 도'(33절), '심판하시는 길'(사 26:8)이라고 불립니다. 그럼에도 불구하고 사람의 계명으로 가르침을 받아 하나님을 경외하려는 것은 안타까운 일입니다.

"주께서 이르시되 이 백성이 입으로는 나를 가까이하며 입술로는 나를 공경하나 그들의 마음은 내게서 멀리 떠났나니, 그들이 나를 경외함은 사람의 계명으로 가르침을 받았을 뿐이라"(사 29:13).

때로는 그리스도인의 길이 멀어 보이기도 합니다. 그러나 우리는 불평해서는 안 됩니다. 인생의 수고와 슬픔은 잠시 후에 영원히 끝날 것이기 때문입니다.

경건한 사람의 길은 영광으로 더욱 빛날 것입니다. 그리고 점차 크게 빛나 한낮의 광명에 이를 것입니다.

"의인의 길은 돋는 햇살 같아서 크게 빛나 한낮의 광명에 이르거니와"(잠 4:18).

왜냐하면 그 길은 하나밖에 없는 '완전한 길'(시 101:2)이기 때문입니다. 이것이 바로 시편 기자가 말하는 영원한 길이며, 결코 무너지지 않는 길입니다.

8 그리스도인을 향한 시험
the Christian's Temptations

성경에서 '템프트tempt'나 '템프테이션temptation'이라는 단어는 상황에 따라 두 가지의 다른 의미시험하다, 유혹하다를 지닙니다.

시험하다

하나님께서 아브라함을 시험tempt하셨다(창 22:1 참고)는 의미는 하나님께서 아브라함을 시험하여 그를 입증하셨다는 뜻입니다. 하나님에게는 인간의 신앙적 진심을 드러내어 밝히실 권리가 있기 때문입니다.

하나님께서는 천사들을 통해 우리를 검증하십니다. 물론 그분께서 우리를 몰라서 그렇게 하시는 것은 아닙니다. 그분은 우리를 온전히 아십니다. 다만 이러한 시험을 통해 자신의 백성이나 대적에게 마음에 담긴 거룩한 원리들principles의 힘을 보여 주시려는 것입니다.[1] 그러므로 성경은 성도가 이러한 시험을 당할 때에 "온전히 기쁘게 여기라"(약 1:2)라고 말씀합니다.

하나님은 자신의 종들에게 이러한 시련을 주심으로써 그들의 선한 행위나 신앙을 더욱 견고히 하십니다. 그리하여 그들이 '순금같이'(욥 23:10) 나오게 되는 것입니다.

때로는 사람도 하나님을 시험합니다. 성경은 우리가 하나님을 믿지 못하고 그분의 임재하심이나 능력이나 자비를 요구할 때, 그분을 시험하거나 증험하였다고 말씀합니다.

이것은 악한 마음에서 나오는 충동적인 변덕입니다. 이스라엘이 광야에서 하나님을 시험하고 증험하며 그분의 노하심을 격동시켰던 것도 이런 의미에서 한 것입니다(출 17:2-7, 시 95:8,9, 히 3:9 참고). 하나님께서 우리의 모든 필요를 채워 주실 때, 우리에게는 그분에게 더 달라고 요구하거나 언제 어떤 방식으로 구원해 달라고 지시할 권리가 없기 때문입니다.

---

1) 욥 1:8 여호와께서 사탄에게 이르시되 네가 내 종 욥을 주의하여 보았느냐? 그와 같이 온전하고 정직하여 하나님을 경외하며 악에서 떠난 자는 세상에 없느니라.
벧전 1:6,7 그러므로 너희가 이제 여러 가지 시험으로 말미암아 잠깐 근심하게 되지 않을 수 없으나 오히려 크게 기뻐하는도다. 너희 믿음의 확실함은 불로 연단하여도 없어질 금보다 더 귀하여 예수 그리스도께서 나타나실 때에 칭찬과 영광과 존귀를 얻게 할 것이니라.

인간은 하나님의 기적적인 보호하심을 이용하여 제멋대로 위험에 뛰어드는 행동을 함으로써 하나님을 시험하기도 합니다(마 4:6,7 참고). 또한 하나님의 결박을 끊고 벗어 버리며 극한 타락으로 달려가면서 하나님께서 과연 자신을 벌하시는지를 시험하기도 합니다(말 3:15 참고).

유혹하다, 유혹에 빠지다

사탄은 사람을 유혹합니다. 때때로 사람도 다른 사람을 유혹합니다. 그들은 사람을 진리로부터, 의로부터, 경건함으로부터 끌어내어 죄와 교만과 악에 빠뜨리려고 합니다. 하나님은 결코 이런 의미에서의 시험을 하시지 않습니다.

"사람이 시험을 받을 때에 내가 하나님께 시험을 받는다 하지 말지니 하나님은 악에게 시험을 받지도 아니하시고 친히 아무도 시험하지 아니하시느니라"(약 1:13).

하나님은 죄를 용납하시지 않습니다. 그분은 아무도 친히 시험하지 않으며 그러한 시험을 받지도 않습니다.

시험은 때때로 유혹에 빠졌음을 의미하기도 합니다.

"오직 각 사람이 시험을 받는 것은 자기 욕심에 끌려 미혹됨이니"(약 1:14).

따라서 사람이 유혹을 받을 때 거기에 마음이 끌리면 그것에 굴복하여 시험에 빠지게 되는 것입니다.

경건한 사람에게는 어쩔 수 없이 죄에 빠지는 일이 결코 있을 수 없습니다. 하나님께서 언제나 그것을 피할 길을 열어 놓으시기 때문입니다. 그것이 고난의 풀무일 수도 있고 사자의 입이나 돌무더기나 죽음일 수도 있지만, 그럼에도 불구하고 그것은 일종의 탈출구가 됩니다.

죽음으로라도 악을 피할 수 있다면 죽는 게 더 낫습니다. 사탄은 욥이 위선자임을 밝히기 위해 혈안이 되었습니다. 그리하여 구속 사역을 무효화시키고자 애썼습니다. 그러나 사탄은 실패했습니다. 사탄은 결코 하나님의 아들을 이길 수 없었던 것입니다.

성도의 승리

그렇다면 이러한 시험에 빠지지 않기 위해서 어떻게 해야 합니까? 유혹에 빠지는 것을 막아 주는 방법에는 세 가지가 있습니다.

첫째, 자신의 연약함을 깊이 인식해야 합니다. 주기도문 중에서 "우리를 시험에 빠지지 않게 하시고"라는 부분은 이것을 가장 잘 설명하고 있습니다. 이 말씀은 우리의 힘으로 어찌할 수 없는 시험에 빠지지 않게 해 주시고, 시험이 올 때에 악한 사람의 궤계에 빠지지 않게 해 달라는 의미입니다.

언제나 하나님을 경외하는 자는 복이 있습니다. 자신이 서 있다고 생각하는 자는 넘어질까 조심해야 합니다. 시험에 빠지지 않도록 항상 자신을 살피시기를 바랍니다.

둘째, 하나님의 말씀으로 무장하십시오. 이것이 큰 힘이 될 것입니다. 때때로 대적의 궤변은 우리의 논리력을 능가합니다. 그러나 하나님의 말씀은 그러한 궤변을 예리하게 파헤쳐 드러냅니다.

예수님도 시험을 당할 때 도덕적 교훈이나 철학적 이론을 내세우지 않고, 다만 "가라사대, 가라사대, 가라사대"라고 말씀하시면서 성경 말씀을 인용하셨습니다.

셋째, 깨어 기도하기를 쉬지 않아야 합니다. 성경은 언제나 깨어 기도하라고 명령합니다. 경건하고 거룩한 사람들에게 깨어 있는 것과 기도하는 것은 결코 분리될 수 없습니다. 예수님은 "시험에 들지 않게 깨어 기도하라"(마 26:41)라고 말씀하셨습니다.

우리를 시험에서 건지실 위대한 구원자는 하나님입니다.

사도는 "주께서 경건한 사람은 시험에서 건지실 줄 아시고"(벧후 2:9)라고 말했습니다. 하나님의 능력은 무한합니다. 그분의 지혜와 사랑과 능력은 부족함이 없습니다. 그리고 때로는 성도들을 기적적인 방법으로 구원하시기도 합니다. 하나님의 구원하심에는 결코 실패가 없습니다.

시험 가운데 있는 하나님의 백성들에게는 주 예수 그리스도의 크신 위로와 격려가 있습니다.

"그가 시험을 받아 고난을 당하셨은즉 시험받는 자들을 능히 도우실 수 있느니라"(히 2:18).

"우리에게 있는 대제사장은 우리의 연약함을 동정하지 못하실 이가 아니요, 모든 일에 우리와 똑같이 시험을 받으신 이로되 죄는 없으시니라"(히 4:15).

"시몬아, 시몬아, 보라 사탄이 너희를 밀 까부르듯 하려고 요구하였으나, 그러나 내가 너를 위하여 네 믿음이 떨어지지 않기를 기도하였노니"(눅 22:31,32).

그러므로 성도의 승리는 결코 놀라운 일이 아닙니다. 이미 주님은 우리 앞서 승리하셨습니다. 우리는 그분을 힘입어 무슨 일이든 할 수 있습니다. 주님은 능히 우리를 구원하실 전능자이십니다.

여러분은 이러한 사실을 믿습니까? 그렇다면 그분의 긍휼하심을 받고 때를 따라 돕는 은혜를 얻기 위하여 은혜의 보좌 앞에 담대히 나아갑시다. 선한 용기를 가집시다. 불신은 평안과 승리의 가장 큰 적입니다. 그분의 전능하심은 결코 다함이 없습니다.

⁹시험을 이기는 그리스도인
the Christian's Victory over Temptations

다음과 같은 야고보 사도의 말씀은 우리를 놀라게 합니다.

"내 형제들아, 너희가 여러 가지 시험을 당하거든 온전히 기쁘게 여기라(그것을 큰 기쁨으로 여기라)……시험을 참는(끝까지 견디며 인내하는) 자는 복이 있나니"(약 1:2,12).

우리는 하나님의 말씀에서 이러한 원리를 훨씬 많이 찾을 수 있습니다.

시험받으신 그리스도

예수님의 경우를 살펴봅시다. 예수님은 누구도 당해 보지 않은 사탄의 시험을 오랫동안 홀로 당하셨습니다. 그러나 시험 후에 찾아온 행복한 결과를 보십시오.

"천사들이 나아와서 수종드니라"(마 4:11).

천사들은 시험이 계속되는 동안 멀리 서서 그리스도께서 그분의 능력과 거룩함으로 승리하시는 모습을 보고 있었습니다. 그러다가 주께서 사탄과의 전쟁에서 이기자 그들은 승리하신 주와 함께 기뻐하고 그분에게 먹을 것을 드렸습니다. 시험당한 성도들을 위로하고 격려했던 것처럼, 그분에게 수종을 들었던 것입니다. 사탄이 주님을 공격할 수 있도록 허락받았다면, 천사는 그분을 경배하고 섬기도록 보내심을 받았기 때문입니다.

이와 같이 예수님은 사탄의 일을 멸하고 하나님의 나라를 세우는 위대한 사역을 담대히 지속할 수 있는 준비를 갖추고 있었으며, 그 일을 위한 힘도 가지고 있었습니다.

그리스도인의 시험

성도가 시험을 견딜 때에도 이와 같은 과정을 거치게 됩니다. 믿음의 시련은 인내와 충성과 영적인 용기를 가져옵니다. 또한 인내는 연단을, 연단은 소망을 이룹니다. 이 소망이 우리를 부끄럽게 하지 아니함은 우리에게 주신 성령으로 말미암아 하나님의 사랑이 우리 마음에 부은 바 되었기 때문입니다(롬 5:4 참고).

주님은 언제나 성도를 온전히 세우고 바르게 하는 복된 시험의 유익에 대해 강조하셨습니다. 그러하기에 위대한 마틴 루터는 "시험을 잘 견딘 그리스도인 한 명이 그렇지 못한 천 명보다 낫다", "훌륭한 신학자를 만드는 요소가 세 가지 있는데, 그것은 묵상과 시험과 기도이다"라고 말하였던 것입니다.

또한 페넬론 Fenelon은 "시험은 마치 불로 연단하듯이 우리의 자신감 속에 붙어 있는 대부분의 녹을 제거한다"라고 말하였으며, 사무엘 클라크 박사 Dr. Samuel Clarke는 "시험을 극복하고 승리하는 것이야말로 경건 생활의 전부이다. 이 땅에서의 시험은 하나님께서 우리에게 부여하신 것이며, 우리는 이러한 시험을 통해 그분에 대한 사랑과 순종을 증명하고 자신이 그 나라의 지체가 되기에 합당하다는 것을 입증한다"라고 하였습니다.

만일 다윗이 어렸을 적에 사자와 곰, 가드 골리앗과 싸우지 않았다면, 훗날 어떻게 그 엄청난 전투들을 감당할 수 있었겠습니까? 그래서 사람이 젊었을 때에 멍에를 메는 것이 좋다고 하는 것입니다. 이러한 멍에는 사람을 더욱 성숙한 사람으로 만듭니다.

"혼자 앉아서 잠잠할 것은 주께서 그것을 그에게 메우셨음이라. 그대의 입을 땅의 티끌에 댈지어다. 혹시 소망이 있을지로다"(애 3:28,29).

시련과 고난이 때로는 매우 힘들다고 하더라도, 그것은 위대한 성품을 형성하게 하는 학교입니다.

바벨론으로 잡혀 가던 다니엘의 모습과 갈대아 왕조의 몰락을 바라보는 다니엘의 모습은 얼마나 다른지요! 훗날 연로한 선지자가 되어 루시퍼^{계명성}가 지옥에 떨어지기 직전에 받게 될 사형 선고를 선포했던 다니엘처럼 고난을 통해 큰 변화를 보인 사람도 없을 것입니다.

"주님 무엇을 하리이까"(행 22:10)라고 외쳤던 다소의 젊은 사울과 노년의 바울을 비교해 보십시오. 얼마나 큰 차이를 보입니까? 무엇이 이러한 차이를 가져왔습니까? 그것은 바로 시련과 고난과 시험을 겪었기 때문입니다.

성격이 불같았던 어린 시절의 모세와 120세가 되었어도 눈이 어둡지 아니하고 기력이 약해지지 않았던 노년의 모세는 신체적인 겉모습의 차이 이상으로 강건함이나 성품도 달랐습니다.

승리의 면류관

영원한 복은 우리가 이 땅에서 그리스도와 복음 사역을 위해 얼마나 참고 견디었느냐 하는 것에 비례합니다. 모르드개는 한때 금 면류관을 썼으며 예수님은 가시 면류관을 썼지만, 장차 올 세상에서 성도는 또 다른 면류관을 쓸 것입니다.

야고보 사도는 이렇게 말합니다.

"시험을 참는 자는 복이 있나니 이는 시련을 견디어 낸 자가 주께서 자기를 사랑하는 자들에게 약속하신 생명의 면류관을 얻을 것이기 때문이라"(약 1:12).

그리고 사도 바울은 이렇게 말합니다.

"전제와 같이 내가 벌써 부어지고 나의 떠날 시각이 가까웠도다. 나는 선한 싸움을 싸우고 나의 달려갈 길을 마치고 믿음을 지켰으니, 이제 후로는 나를 위하여 의의 면류관이 예비되었으므로"(딤후 4:6-8).

또한 베드로는 이렇게 말합니다.

"목자장이 나타나실 때에 시들지 아니하는 영광의 관을 얻으리라"(벧전 5:4).

이 얼마나 영광스러운 장면입니까? 그날에 받을 영원한 생명의 면류관, 의의 면류관, 영광의 면류관을 생각해 보십시오. 이 얼마나 큰 은혜입니까?

10 그리스도인의 죄에 대한 시각
the Christian's Views of sin

모든 악 가운데 가장 악한 것은 도덕적인 죄moral evil[1]입니다. 그보다 악한 것은 없습니다. 그것은 전염병보다 무서운 것이며, 말할 수 없이 가증스러운 것입니다. 하나님은 죄를 지극히 가증한 것으로 여기십니다.

시대마다 경건한 사람은 죄에 대해 탄식하였습니다. 그들은 다른 사람의 죄를 안타까워할 뿐만 아니라 무엇보다 자신의 죄에 대해 크게 애통해하였습니다. 죄의 가장 큰 해악은, 그것 때문에 모든 사람이 죽어 땅에 묻히게 되고 이 세상과

---

[1] 역자주 – 악은 크게 두 가지, 즉 'moral evil'과 'natural evil'로 나누어 생각할 수 있습니다. 전자는 하나님 앞에서의 죄를 말하며, 후자는 질병, 죽음, 고난 등과 같이 죄의 결과로 우리에게 주어진 것들을 의미합니다.

지옥에서 탄식하며 울부짖는 일이 생기게 된다는 데 있지 않습니다. 죄의 가장 큰 해악은 바로 죄가 거룩하신 하나님 앞에서 지극히 죄 된다는 것입니다.

그리스도인의 죄의식

죄에 대한 시각은 그 사람이 어떤 성품을 가지고 있는지를 잘 보여 줍니다. 죄를 가볍게 여기는 사람은 그것에 대해 애통해하기는커녕 오히려 코방귀를 뀔 것입니다. 그는 죄를 비웃고 희롱할 것이며, 죄의 분량을 완전히 채울 것입니다. 또한 그는 하나님을 무시하고 그분의 구원을 멸시할 것이며, 예수 그리스도를 경멸할 것입니다.

반면에 죄를 두렵고도 가증스러운 것으로 여기는 사람은 악한 길을 증오할 것입니다. 그는 거룩을 사모할 것이며, 의에 주리고 목말라할 것입니다. 그는 '악인들의 꾀를 따르지 아니하며 죄인들의 길에 서지 아니하며 오만한 자들의 자리에 앉지 아니할'(시 1:1) 것입니다.

또한 그는 죄로 가득한 자신을 싫어하고 혐오할 뿐만 아니라 하나님의 법을 지키지 않는 악인들로 인하여 전율할 것입니다. 그는 하나님의 존재와 온전하심과 말씀과 통치를 존중

할 것입니다. 그리고 그런 사람에게 그리스도는 가장 귀하고도 사랑스러운 존재가 될 것입니다.

어떤 사람들은 진정한 그리스도인이 되기 위해서는 죄의식을 얼마나 깊이 느껴야 하느냐고 질문합니다. 이것은 어느 면에서는 어려운 질문이라고 할 수 있습니다. 모든 종교적 경험을 거듭난 영혼에게서 발견되는 초기 경험으로만 제한시켜 이해하는 사람들이 있기 때문입니다.

그러나 사실 거듭난 사람이 처음으로 경험하는 종교적 깨달음과 감정은 하나님의 자녀들이 실제로 배워야 할 경험의 일부에 지나지 않습니다.

사도행전에는 바울의 회심 장면이 세 번 언급됩니다. 그런데 거기에는 그리스도와 복음을 반대한 것에 대한 죄의식만이 언급되어 있습니다. 그러나 그 순간 그의 마음에는 은혜의 사역이 시작되었습니다. 사도 바울은 그 후의 경험에 대해 말해 줍니다.

"율법으로 말미암지 않고는 내가 죄를 알지 못하였으니 곧 율법이 탐내지 말라 하지 아니하였더라면 내가 탐심을 알지 못하였으리라. 그러나 죄가 기회를 타서 계명으로 말미암아 내 속에서 온갖 탐심을 이루었나니 이는 율법이 없으면 죄가 죽은 것임이라. 전에 율법을 깨닫지 못했을 때에는 내가 살았더니 계명이 이르매 죄는 살아나고 나는 죽었도다"(롬 7:7-9).

바울 사도가 한 말의 뜻은 이런 것입니다. "만일 십계명이 없었다면, 나는 죄의 진정한 본질이나 내 죄가 얼마나 크며 얼마나 많은지를 알지 못하였을 것이다."

오랫동안 청소하지 않은 아파트에 먼지가 얼마나 많은지를 알고 싶다면 햇볕에 비추어 보면 됩니다.

바울은 한때 자신을 '칭함 받기를 감당하지 못할 자'(고전 15:9)라고 불렀으나 그 후에는 '모든 성도 중에 지극히 작은 자보다 더 작은 나'(엡 3:8)라고 불렀고, 나중에는 "죄인 중에 내가 괴수니라"(딤전 1:15)라고 고백하였습니다. 이삭 왓츠Isaac Watts 박사는 이러한 바울의 말을 통해 그가 자신의 죄를 점점 더 깊이 느끼게 되었다는 사실을 알 수 있다고 말합니다.

때때로 사람들은 죄의식을 양심의 큰 가책이나 악한 생각과 관련된 것으로 생각합니다. 물론 이러한 것들은 실제로 죄의식을 수반하기도 합니다. 그러나 그것은 결코 본질적인 것이 아니며, 오히려 전혀 별개의 것이라고 할 수 있습니다. 바울은 자신의 말년에 생애 그 어느 때보다 아무런 두려움도 느끼지 않았지만, 그때에도 깊은 죄의식은 가지고 있었습니다.

이러한 죄의식은 복음을 죄인에게 기쁜 소식이 되게 합니다. 성경 여러 곳에서는 이러한 죄의식을 요구합니다. 예수님은 "건강한 자에게는 의사가 쓸데없고 병든 자에게라야 쓸데 있느니라"(막 2:17)라고 말씀하셨습니다. 라오디게아교회의 가장 어두운 부분 가운데 하나는, 자신이 부자이며 부요하여 부족한 것이 없다고 말하지만, 실상은 곤고하고 가련하며 가난하고 눈멀고 벌거벗었다는 사실입니다(계 3:17 참고).

욥의 죄의식은 하나님의 위엄과 영광을 본 후에 더욱 깊어졌습니다.

"내가 주께 대하여 귀로 듣기만 하였사오나 이제는 눈으로 주를 뵈옵나이다. 그러므로 내가 스스로 거두어들이고 티끌과 재 가운데에서 회개하나이다"(욥 42:5,6).

하나님의 영광에 압도된 이사야 역시 동일한 경험을 하였습니다. 그는 "화로다. 나여 망하게 되었도다"(사 6:5)라고 고백하였습니다.

죄의식이 깊어지면 깊어질수록 용서와 구원의 은혜에 대한 감사는 더욱 생생해집니다. 예수님은 "그의 많은 죄가 사하여졌도다. 이는 그의 사랑함이 많음이라. 사함을 받은 일이 적은 자는 적게 사랑하느니라"(눅 7:47)라고 말씀하셨습니다.

또한 죄의식이 깊어지면 깊어질수록 겸손도 더욱 깊어집니다. 그리고 이러한 겸손은 거룩과 행복과 천성을 향한 왕도King's way가 됩니다.

이런 사람이 훌륭한 설교자가 될 수 있으며, 이와 같이 올바른 죄의식을 깊어지게 하는 책이 좋은 책입니다. 존 오웬John Owen의 저서 가운데 『내주하는 죄』(Indwelling Sin)라는 제목의 훌륭한 책이 있습니다. 이 책은 사람들의 마음속에 뿌리박고 있는 죄의 근원을 잘 보여 줍니다.

존 플라벨John Flavel의 『마음, 참된 성도의 마음』(Keeping the Heart, 지평서원 간)과 윌리엄 거스리William Guthrie의 『그리스도에 대한 위대한 관심』(Trial of a Saving Interest in Christ)을 비롯한 17세기의 많은 청교도 저서들도 모두 이러한 범주에 속합니다.

그러나 무엇보다 우리는 율법을 통해 죄를 깨닫습니다(롬 3:20 참고). 루터는 자신의 마음을 십계명에 비추어 보지 않는 날은 경건한 기운이 사라지는 것을 느꼈다고 말했습니다.

자기 성찰에 관한 가장 훌륭한 참고서 가운데 하나는 웨스트민스터 총회의 율법 해석[2]입니다. 대소요리문답의 율법편

---

2) 역자주 – 웨스트민스터 신앙고백 제19장 '하나님의 율법'을 말합니다.

에서 공통적으로 제시되는 질문, 즉 '무슨 무슨 계명에서 금지하고 있는 죄가 무엇입니까?' 라는 질문에 대한 답을 꼼꼼히 읽어 보시기 바랍니다. 눈먼 자나 어리석은 자가 아니라면 자신에 대한 혐오감이 더욱 깊어질 것입니다.

그러나 우리가 죄를 보면서 절망에 이르는 것만으로는 아무런 유익이 없습니다. 몸에 병이 있다는 사실을 알게 된 사람은 병원에 가서 의사에게 치료를 받겠다고 결심하는 것이 당연하고도 마땅합니다. 우리의 죄를 보면서 우리가 내려야 할 결론도 똑같습니다. 우리는 영혼의 의사가 되시는 예수님을 더욱 더 바라보아야 하며, 예수님께서 우리에게 지혜와 의와 거룩과 구속이 되어 주시도록 기도해야 합니다.

무한하신 하나님, 그리고 무한한 죄

그러므로 그리스도인에게 있어서 하나님 앞에서 가벼운 죄는 결코 없습니다. 사람들은 무한한 것에 대해 혼란스러워하면서 어리석은 말을 내뱉기가 쉽습니다. 그러나 우리 그리스도인은, 한계가 없고 측량할 수 없으며 헤아릴 수 없고 끝없는 모든 것을 무한하다고 표현해도 틀리지 않습니다.

그렇다면 죄는 무한한 악입니까? 만일 죄가 무한한 악이 아니라면, 하나님의 위엄과 영광과 권능도 무한하지 않아야 할 것입니다. 왜냐하면 모든 죄는 바로 이러한 하나님의 속성들에 대적하는 것이기 때문입니다.

만일 죄가 무한한 악이 아니라면 무한한 속죄도 필요 없을 것이며, 일정한 분량의 범죄에 필요한 한정된 속죄로도 그 죄를 용서받기에 충분할 것입니다. 또한 충분히 헤아릴 수 있는 범죄에 해당하는 만큼의 측량할 수 있는 대가만 치르면 될 것입니다.

그러나 죄가 무한한 악이 아니라면 도대체 어떤 악이란 말입니까? 하나님은 절대적인 권리와 권능과 주권을 가지고 계십니다. 그렇지 않다면 그분은 그 어떤 것도 가지고 있다고 할 수 없을 것입니다. 그러하기에 그분에 대한 우리의 의무도 한없고 끝없이 지속되며 무한합니다. 그렇지 않다면 그것은 결코 하나님에 대한 의무라고 할 수 없습니다.

만일 그분이 우리와 같다면, 그분은 결코 하나님이 되실 수 없을 것입니다. 거짓 신들이 경멸을 받아 마땅한 이유는 그들이 무익하고 헛되기 때문입니다. 그들은 실로 우스꽝스러운 우상에 불과합니다.

그러나 하나님의 임재는 무한합니다. 그러하기에 그분은

무소부재無所不在하신 분입니다. 그분의 권능과 본질nature과 존재는 모두 무한합니다. 따라서 하나님께 범죄하는 것은 무한한 무례이며 잘못입니다. 설령 죄가 무한한 악이 아니라고 하더라도, 적어도 그것에 대한 처벌이 무한하고 그 기간이 끝이 없다는 사실은 시인해야 할 것입니다. 그것은 끝없이 지속되는 지옥의 두려움입니다.

하나님은 몇 번이고 죄를 '끔찍한horrible' 것이라고 말씀하셨습니다. 죄는 그분이 극히 싫어하시는 가증스러운 것입니다. 하나님은 자신이 만든 두꺼비나 뱀이나 하이에나와 같은 것들을 증오한다고 말씀하시지 않았습니다. 그러나 그분은 죄를 실로 끔찍이 싫어하십니다.

어떤 행위가 무익하고 위험하며 악하다고 말할 수 있다는 것만으로도 참 유감스러운 일입니다. 그런데 죄는 모든 악의 극치입니다. 죄를 범하는 것은 불안한 비행기구를 타고 하늘을 나는 것보다 훨씬 위험합니다. 그것은 아무런 유익이 없으며, 오히려 죄인은 바람을 심고 광풍을 거두게 됩니다. 뿐만 아니라 죄를 범하는 것은 사망을 사랑하는 것과 같습니다.

성경은 하나님에 대한 범죄는 더욱 크다고 말씀합니다. 하나님이 크시기 때문입니다.

"사람이 사람에게 범죄하면 하나님이 심판하시려니와 만일 사람이 여호와께 범죄하면 누가 그를 위하여 간구하겠느냐"(삼상 2:25).

프란시스 스피라Francis Spira는 "사람이 죄의 시작은 알겠지만 그 끝은 어찌 알겠는가?"라고 말하였습니다.

"죄가 장성한즉 사망을 낳느니라"(약 1:15).

"죄의 삯은 사망이요"(롬 6:23).

11 그리스도인이 범하기 쉬운 죄
the Christian's Besetting Sins

죄는 다양하게 분류됩니다. 원죄와 자범죄, 부작위죄와 작위죄, 은밀한 죄와 공개적인 죄, 연약하여 짓는 죄, 충동적인 죄, 사악한 죄, 자주 범하는 죄가 있습니다.

죄가 반복되는 여러 가지 원인

같은 죄를 여러 번 범하는 데에는 다양한 이유가 있습니다. 체질적인 이유로 죄가 몸에 배인 사람도 있습니다. 많은 사람들은 타고난 기질 때문에 화를 잘 내거나 다투거나 쉽게 경솔함에 빠지거나 낙담합니다.

어떤 경우에는 특정한 곳에 거주하는 모든 사람이 그 지역 전체에 만연되어 있는 동일한 죄에 물들기도 합니다. 예를 들어, 에피메니데스Epimenides[1]가 살던 시대부터 바울 시대까지 수백 년 동안 그레데 사람들은 매우 사납고 탐욕스러우며 거짓말을 일삼는 자들이었습니다.

한 번씩 죄악의 거센 파도가 사람들을 휩쓸고 지나가면 마치 모든 사람들이 같은 죄에 사로잡힌 것처럼 보입니다. 옛 선지자는 이러한 상태에 대해 "그들의 가장 선한 자라도 가시 같고 가장 정직한 자라도 찔레 울타리보다 더하도다"(미 7:4)라고 말했습니다.

학습을 통해 몸에 배는 죄도 있습니다. 한 집안의 어른이 누군가의 험담을 자주 하는 것은 온 가족에게 영향을 미칩니다. 입술로 범하는 죄는 대부분 이러한 범주에 속합니다.

때로는 공적인 자리가 이전에는 거의 짓지 않던 죄를 범하게 하기도 합니다. 공직은 그 직함을 지닌 사람으로 하여금 쉽게 교만함에 빠지게 합니다.

그런가 하면 강하고 불합리한 편견 때문에 죄에 빠지는 경우도 많습니다. 저는 단지 저녁 식탁에 사과 경단이 오르는 것을

---

1) 역자주 – 에피메니데스는 기원전 6세기경 자신이 그레데 사람임에도 불구하고 "모든 그레데 사람은 거짓말쟁이다"라고 말한 '에피메니데스의 역설'로 유명합니다. 디도서 1장 12절에 이에 관한 이야기가 언급되어 있습니다.

참지 못해서 어리석은 행동을 한 사람을 본 적도 있습니다.

이와 같이 자주 범하기 쉬운 죄는 성격과 직업만큼이나 그 원인이 다양합니다. 이러한 죄는 다른 악과 마찬가지로 습관을 통해 더욱 힘을 발휘합니다. 또한 이러한 죄는 한 사람에게 하나만 있는 것이 아닙니다. 죄는 군집을 이루어 삽니다. 한 가지만 발견되는 경우도 있지만 매우 드뭅니다.

반복되는 죄를 벗어버리기 위하여
그렇다면 자주 범하기 쉬운 이러한 죄는 어떻게 벗어버릴 수 있습니까? 이것은 아주 중요한 질문이며, 가장 많은 관심을 기울일 만한 가치가 있습니다. 이 문제에 대하여 다음과 같은 대안이 제시될 수 있습니다.

첫째, 정당하고도 진지한 죄의식, 즉 죄는 악하고 비참하며 하나님을 대적하기 때문에 매우 가증스럽고 영혼에 해악을 끼친다는 사실을 깊이 인식하고 마음에 새겨야 합니다. 지금까지 죄를 '지나치게' 미워하거나 두려워한 사람은 아무도 없습니다. 죄의 가장 큰 악은 바로 그것이 하나님 앞에서 심히 악하다는 것입니다.

둘째, 자신이 저지르기 쉬운 죄가 무엇인지를 알아야 합니다. 물론 이것은 쉬운 일은 아닙니다. 그러나 죄에 대한 명확한 인식만 있으면 가능합니다.

때로는 여러분의 친구가 적절한 암시를 줄 것입니다. 그들은 아마 여러분의 마음이 상하지 않도록 부드럽게 여러분의 성격이 급하다거나 지나치게 엄격하다거나 우쭐댄다거나 자랑을 많이 한다거나 세속적이라고 말해 줄 것입니다. 그들의 말이 옳지 않습니까?

여러분과 사이가 좋지 않은 사람들은 아마 더욱 직설적이고도 불쾌한 말투로 여러분에 대하여 완고하거나 교만하거나 욕심이 많거나 불친절하거나 관대하지 못하다고 말할 것입니다. 혹시 그들의 말이 사실이지 않습니까?

나단 선지자와 같은 담임 목사님의 설교 가운데 여러분의 양심을 자극하는 말은 없었습니까? 여러분이 고독할 때, 고난당하고 있을 때, 자신도 모르게 치밀어 오르는 것은 무엇입니까? 여러분이 선한 일을 행하며 선한 것을 구할 때마다 그것을 실패하게 만드는 것은 무엇입니까?

셋째, 죄는 뱀과 같이 쉽게 죽지 않는다는 사실을 알아야 합니다. 모든 죄가 그러하지만, 특히 자신이 자주 범하는 죄는 더욱 그러합니다. 그래서 죄를 끊어버리는 일에 전심전력을 다해야 합니다. 여러분이 죄를 죽이지 않으면, 죄가 여러분을 죽일 것입니다. 이것은 여러분의 영원한 행복과 평강이 달린 문제입니다. 그러므로 모든 수단을 동원해야 합니다.

어떤 죄는 금식과 기도만으로도 나가 버립니다. 그러므로 기도와 금식에 힘쓰기 바랍니다. 여러분이 자주 범하는 죄가 이 세상을 사랑하는 것이라면, 은밀한 자선 행위나 복음 전파 사역에 기부를 하는 것과 같은 숭고한 행위처럼 그것을 이기기 위해 자신이 할 수 있는 것을 찾아보아야 할 것입니다.

또한 누군가에게 원한을 품고 있다면, 그들에게도 자신과 동일한 긍휼을 베풀어 달라고 하나님께 날마다 기도하고, 그들을 섬길 기회를 먼저 만들기 바랍니다.

여러분에게 주어진 십자가가 있다면 그것을 피하지 마십시오. 여러분에게 주어진 십자가를 기꺼이 짊어지십시오.

작은 일이라도 하찮게 여기지 마시기 바랍니다. 많은 성도들이 그것을 통해 낮아지는 훈련을 훌륭하게 받았습니다. 작은 시련이라도 가볍게 여기지 마시기를 바랍니다. 그러한 시련을 견딘 사람들이 더욱 크고도 불같은 시험을 이길 수 있는 힘을 얻습니다.

작은 십자가를 무시하지 마시기를 바랍니다. 주의 손에 붙들려 아름답게 감당해 나갈 때, 장차 위대한 면류관, 주께서 자기를 사랑하는 자에게 주겠다고 약속하신 의와 생명의 면류관을 받아 쓰기에 합당한 사람으로 만들어질 것입니다.

넷째, 거룩한 삶에 모든 초점을 맞추어야 합니다. 그것이 최상의 도덕이며 진실로 아름다운 것입니다. 거룩은 하나님을 닮게 합니다. 거룩하지 않은 것은 결코 하나님을 온전히 경외하는 거룩한 삶에 합당하지 않습니다. 이것이 바로 우리를 향한 하나님의 뜻입니다. 또한 그것이 우리의 성화를 위한 길이기도 합니다.

"기록되었으되 내가 거룩하니 너희도 거룩할지어다 하셨느니라"(벧전 1:16).

다섯째, 어떤 사람들은 타락의 길을 벗어나기 위해서 일시적으로 한 가지 죄에만 특별한 관심을 기울이는 것이 좋다고 말하기도 합니다. 이 방법은 경우에 따라 효과적일 수도 있습니다. 그러나 한 가지 죄는 언제나 다른 죄를 부르며, 한 명의 도둑을 살피는 동안 다른 도둑이 뒤에서 다가올 수도 있다는 사실을 기억해야 합니다.

여섯째, 자주 범하는 죄에 빠지지 않도록 조심해야 합니다. 만일 여러분이 과장을 잘 하거나 이야기를 꾸미고 미화하려는 경향을 가지고 있다면, 가능한 불필요한 이야기를 하지 말아야 합니다. 물건을 사고팔 때에 팔 물건을 좋게 말하거나 살 물건을 나쁘게 말하는 습관이 있다면, 가능한 흥정을 피하고 말도 아껴야 합니다.

일곱째, 타락을 막을 수 있는 유리하고도 좋은 기회를 놓치지 않아야 합니다. 죄는 강력한 타격을 여러 번 가하지 않는 이상 죽지 않습니다. 죽었다고 생각될 때에도 사실은 죽은 척하고 있는 것일 뿐입니다. 그러므로 죄를 철저히 뿌리 뽑지 않으면 안 됩니다.

여덟째, 성령의 끊임없는 도우심을 구해야 합니다. 그분은 모든 것을 살피십니다. 그분은 죄를 미워하십니다. 그분은 오직 순전한 것을 사랑하십니다. 죄를 몰아내는 데에는 거룩한 영이신 성령의 내주하심이 천사가 지키는 것보다 더욱 효과적입니다.

"만군의 여호와께서 말씀하시되 이는 힘으로 되지 아니하며 능력으로 되지 아니하고 오직 나의 영으로 되느니라"(슥 4:6).

마지막으로, 그리스도를 깊이 생각합시다. 그분의 영광을 더욱 높이고 그 이름을 향기처럼 드러내시기를 바랍니다. 주 안에서 주와 함께 행해야 합니다. 그분을 위해 살고 그분을 위해 죽어야 합니다. 그리스도의 말씀, 그리스도께서 보이신 모범, 그리스도의 죽으심과 부활하심과 승천하심과 하나님의 보좌 우편에 앉으심, 그의 영원한 나라를 통해 우리는 능력을 얻고 동기부여를 받아야 합니다.

12 그리스도인의 책임감
the Christian's Sense of Responsibility

하나님은 독립적이며 절대적인 주권의 소유자이십니다. 그러나 인간은 의존적이며 책임이 따르는 존재입니다. 분별 있는 사람이라면 누구나 자신이 하나님 앞에 직고直告해야 할 자임을 압니다. 인간의 본성과 하나님과의 관계를 생각해 볼 때, 사람이 도덕법moral law[1]에 따라 살고 그것에 의해 하나님의 심판을 받아야 한다는 것은 지극히 당연한 일입니다.

사람은 결국 자신의 몸으로 지은 행위에 따라 생사를 달리할 수밖에 없습니다. 이러한 사실은 아무리 진지하게 생각하

---

1) 역자주 - 율법은 크게 세 가지로 나눌 수 있습니다. 십계명을 대표로 하는 도덕법, 제사에 관련된 의식법(Ceremonial Law), 사회생활과 관련된 시민법(Civil Law)입니다. 이 중에서 특히 죄와 관련된 것은 도덕법입니다.

고 또 생각한다 해도 지나치지 않습니다. 모든 사람은 날마다 자신의 영원한 심판 이후의 삶에 영향을 미칠 행동을 하면서 살아갑니다.

영원한 책임

사람에게는 불멸하는 이성이 있으며, 거기에는 언제나 책임이 뒤따릅니다. 그것은 결코 고통으로 해결될 수 없으며, 행복으로도 그것을 폐기할 수 없습니다. 하나님의 통치에는 공소시효가 없습니다. 인간이나 천사에게는 결코 아무 일도 없었던 것처럼 되돌릴 수 있는 힘이 없습니다. 그럼에도 불구하고 사람들은 이러한 책임이 영원하다는 사실을 부정하곤 합니다.

만일 책임이 영원하지 않다면, 하나님과 인간의 관계는 중단되거나 변할 수 있을 것입니다. 그러나 하나님과 인간의 관계는 중단될 수 없습니다. 왜냐하면 하나님께서 자신을 부인할 수 없으시기 때문에 반드시 우리에게 책임을 물으실 것이기 때문입니다. 모든 사람에게는 하나님의 율법에 순종해야 할 책임이 있습니다. 인간이 율법에 대해 책임질 것인가 말 것인가는 사람의 선택이나 결정에 달린 문제가 아닙니다.

또한 하나님과 인간의 관계는 변할 수도 없습니다. 변화라는 것은 더 좋은 쪽으로 변화하든지, 아니면 더 나쁜 쪽으로 변화하든지 둘 중 하나일 수밖에 없습니다. 그런데 만일 하나님과 인간의 관계가 더 좋은 쪽으로 변한다면, 그것은 지금의 하나님과 인간의 관계가 완벽하게 의롭거나 거룩하지 않다는 것을 의미하는 것입니다. 반대로 하나님과 인간의 관계가 더 나쁜 쪽으로 변한다면, 그것은 그 관계가 더 이상 의롭거나 거룩해질 수 없다는 것을 의미하는 것입니다. 그러나 이 두 가지 모두 불가능한 일입니다.

책임이 영원하지 않다면, 영리한 피조물은 자신의 의무와 책임을 회피하려고 할 것입니다. 그리고 책임이 영원하지 않다면 처벌도 영원하지 않으며, 한시적인 처벌만으로도 죄를 해결할 수 있는 길이 열리게 될 것입니다. 그리하여 결국 죄의 집요함이나 흉악성에 대한 인식은 물론 죄의식을 상실하고 말 것입니다.

책임이 영원하지 않다면, 하나님을 모욕하는 사회나 국가가 나타나게 될 것입니다. 그러면 공의도 필요 없을 것이며, 죄에 대한 징벌도 결과와 상관없이 전적으로 독단적인 방식이 될 것입니다.

이와 같이 징벌이 영원하지 않다면, 죄는 통제할 수 없는 악이 될 것이며, 하나님께서도 지나간 죄를 처리할 방법이 없어 결국 묵인하실 수밖에 없을 것입니다. 또한 죄가 사악하다는 주장이 허풍이 될 것이며, 아무도 죄를 악하다고 말하지 않을 것입니다.

지금 우리가 살고 있는 이 세상에서는 하나님을 모독하는 것이 악한 일이지만, 만일 책임이 영원하지 않다면, 그것이 그렇게 악한 일로 여겨지지 않을 것입니다. 그리고 결국 하나님의 도덕적 통치는 부분적으로 점차 약화되다가 실패하고 말 것입니다. 또한 하나님의 공의로 지금은 하나의 거짓도 마땅히 처벌받지만, 책임이 영원하지 않다면, 수많은 거짓도 전혀 처벌받지 않게 될 것입니다.

책임이 영원하지 않다면, 온 세상을 심판하는 일에서나 피조물의 일부분, 특별히 흉악한 범죄를 저지른 피조물들을 심판하는 일에서 공의는 더 이상 공의가 아닐 것입니다. 즉, 공의롭게 심판할 수 없을 것입니다.

더 이상 선해지거나 악해질 수 없을 만큼 완전히 선하거나 완전히 악한 상태로 머물러 있는 피조물은 없습니다. 피조물들이 완전히 선하거나 악하다고 생각하는 근거가 무엇입니까? 하나님의 말씀에서는 전혀 그 근거를 발견할 수 없습니다.

오히려 하나님의 예언 가운데는 그것과 반대되는 말씀이 있습니다. 성경은 "악에서 악으로 진행하며"(렘 9:3), "악한 사람들과 속이는 자들은 더욱 악하여져서 속이기도 하고 속기도 하나니"(딤후 3:13)라고 말씀합니다.

성경은 사람을 몸으로 지은 모든 행위에 대해 책임을 져야 하는 존재라고 선언합니다. 이것은 이러한 책임이 이미 이 땅에서 시작되었음을 알려 줍니다. 우리는 지금 율법 아래에서 행하고 있습니다. 도덕적 통치 아래 있는 것입니다. 따라서 이 땅에서의 우리의 삶은 매우 진지하고도 엄숙합니다. 뿐만 아니라 성경은 결코 하나님에 대한 의무나 책임이 우리가 이 땅을 떠날 때에 끝난다고 말하거나 그렇게 암시하지도 않습니다.

도덕적 통치는 우주적이며 영원합니다. 왜냐하면 그것이 의로우며, 하나님이 변치 않으시기 때문입니다. 그분의 나라는 영원하며, 그분의 통치는 끝이 없습니다. 얼마나 합리적이고도 올바른 말입니까? 모든 사람은 하나님을 영화롭게 해야 하며 마땅히 그분 앞에 굴복하여야 할 것입니다.

13 그리스도인의 믿음
the Christian's Faith

성경은 "주 예수를 믿으라. 그리하면……구원을 받으리라" (행 16:31)라고 말씀합니다. 이것은 매우 단순한 말씀처럼 들립니다. 즉, 구세주를 믿기만 하면 된다는 것입니다.

구원자이신 그리스도

이것은 우리에게 부합되는 말씀입니다. 나는 어리석고 무식하지만, 그리스도는 하나님의 지혜가 되십니다. 나는 악하고 죄가 많지만, 그리스도는 우리의 의의 주가 되십니다. 그분은 모든 믿는 자의 의를 위해 율법의 마침이 되십니다. 나는 약하고 힘이 없지만, 그리스도는 우리를 구원하는 하나님의 능력이 되십니다.

나에게는 죄를 덮을 것이 하나도 없지만, 그리스도의 공로는 나의 가련한 영혼을 아름답게 감싸 줄 희고도 깨끗한 세마포가 되십니다. 나의 눈물로는 나의 죄를 씻을 수 없지만, 예수 그리스도의 보혈은 나의 모든 죄를 깨끗하게 합니다. 죄인들은 그 안에서, 구원의 사랑과 은혜를 누립니다. 이것은 천사가 누리는 것보다 더 큰 복입니다.

나는 아무런 값도 치를 필요가 없습니다. 우리는 복음을 통해 값없이, 돈 없이 구원을 받게 되었습니다. 다행히도 나는 구원을 위해 아무것도 지불할 필요가 없습니다. 만일 내가 무엇인가를 지불해야 한다면, 나는 영원히 멸망할 수밖에 없을 것입니다.

나는 죄의 지배를 받는 불쌍한 죄인입니다. 나는 의롭고도 거룩하신 하나님께 내어 놓을 만한 것이 아무것도 없습니다. 나는 나를 위해 예비된 영원한 심판을 받아 마땅한 사람입니다. 나는 죄인 중에 괴수입니다.

나는 전혀 가치 없는 사람이지만, 예수님은 얼마나 존귀하신 분인지요! 나는 예수님을 의지합니다. 나는 예수님을 나의 구주로 받아들입니다. 그는 나의 모든 소망이며 구원이십니다. 그는 나의 모든 저주를 짊어지셨습니다. 그는 의인으로서 불의한 사람들을 위해 돌아가셨으며, 죄 없으신 자로서 죄인들을 위하여 돌아가셨습니다. 그는 세상 죄를 지고 가는 하나님의 어린양이십니다. 그가 채찍에 맞음으로 우리가 나음을 받았습니다.

그리스도를 향한 믿음

어떤 사람이 이렇게 말했습니다.

"선생님, 저는 공부를 하지 못하였습니다. 그래서 지난 15년 동안 혼자 글을 익혀 지금은 제법 성경을 잘 읽습니다. 그러나 선생님도 알다시피 저는 성경을 전부 이해하지는 못합니다. 다만 저에게 '믿음'이라는 단어는 너무나 중요합니다. 그것은 저의 전부입니다. 제가 이해하는 한 예수님께 나아갈 수 있는 다른 방법은 없다고 믿습니다. 그분은 '내게로 오라'라고 말씀하셨습니다. 참으로 감사한 것은 그분을 믿음으로 하나님께 나아가게 되어 너무 행복하다는 것입니다."

그렇습니다. 그리스도에 대한 믿음에는 결코 지나침이 없습니다. 그분은 우리에게 주 예수를 믿는 이 위대한 하나님의 일을 하라고 명하셨습니다. 우리는 마음으로 예수를 믿어 의에 이릅니다.

믿음은 그분을 바라보는 것입니다. 그분에게 나아오는 것입니다. 그분을 영접하는 것입니다. 믿음은 자신의 모든 계획을 버리고, 하나님의 계획을 받아들이는 것입니다. 다른 모든 처방전을 거절하고, 오직 위대한 의사이신 그리스도를 받아들이는 것입니다.

그리스도께 나아오면 다른 것으로부터 버림을 받기도 합니다. 그러나 그리스도께서는 "내게 오는 자는 내가 결코 내쫓지 아니하리라"(요 6:37)라고 말씀하셨습니다. 우리가 믿음으로 그리스도를 부르기 시작한 후에 그분은 그 누구도 자신의 면전에서 쫓아낸 적이 없습니다.

회개한 강도와 무서워 떠는 간수, 그리고 수많은 사람들이 그리스도를 바라보고 구원을 받았습니다. 마음으로 믿은 죄인이 죄로 인하여 멸망했다는 기록은 역사상 결코 없습니다.

무엇보다 그리스도의 속죄는 모든 것을 충족시켰습니다. 그분은 자신의 사역을 온전히 이행하셨습니다. 그 사역은 충분한 것이었습니다. 그분은 충분한 고난을 당하셨으며, 충분한 피를 흘리셨습니다. 그분의 사역은 영광스러운 사역이었으며 영원토록 빛날 것입니다. 그분의 공로는 참으로 충분한 것이었습니다.

"세상이 창조되고 시간이 돌기 시작한 이후

의지와 말과 생각과 행동으로 범한 인간의 모든 죄는

한 가련한 죄인의 머리에 다 옮겨졌으니,

오직 예수 그리스도의 보혈만이

인간의 모든 죄를 속량할 수 있으며

하나도 남김없이 씻어 낼 수 있도다."

누가 감히 그리스도의 속죄가 충분하지 않다고 말할 수 있겠습니까? 나는 지금껏 경건한 사람이 수치스러운 죄를 범하려 했다는 것을 본 적도 없고 들은 적도 없습니다.

지금 우리 앞에 문이 활짝 열려 있습니다.

"볼지어다. 내가 네 앞에 열린 문을 두었으되"(계 3:8).

필요한 준비는 이미 모두 끝났습니다.

"모든 것을 갖추었으니"(마 22:4).

주님은 간절하게 말씀하십니다.

"주 여호와의 말씀이니라. 나의 삶을 두고 맹세하노니 나는 악인이 죽는 것을 기뻐하지 아니하고, 악인이 그의 길에서 돌이켜 떠나 사는 것을 기뻐하노라. 이스라엘 족속아 돌이키고 돌이키라. 너희 악한 길에서 떠나라. 어찌 죽고자 하느냐"(겔 33:11).

나에게는 바로 이러한 도우심, 즉 그리스도 예수 안에서 나에게 주어진 도우심이 필요합니다.

"땅의 모든 끝이여, 내게로 돌이켜 구원을 받으라. 나는 하나님이라. 다른 이가 없느니라"(사 45:22).

예수님은 하나님의 지혜와 의와 거룩함과 구속함이 되십니다. 그분은 우리의 모든 것이 되십니다. 우리는 오직 그분을 향한 믿음으로만 영원하고도 복된 안식에 들어갈 수 있습니다.

"안식을 얻으라, 지친 영혼아.
징벌은 끝나고 속전이 지불되었으며,
너의 모든 죄가 용서함을 받았다.
그리스도께서 이미 이루어 놓은 사역을 위해 애쓰지 말라.
그분이 주시는 값없는 선물을 통해 기쁨을 누리라.
더 이상 가책이나 두려움으로 괴로워하지 말라.
평안히 안식하라."

이것이 약한 신자의 믿음이자 강한 신자의 믿음입니다. 이 믿음의 핵심은 구주의 인격과 사역에 대한 전적인 의지입니다. 주 예수 그리스도를 믿으면 구원을 받으리라는 것입니다.

14 왜 그리스도를 의지해야 합니까?
Why Do I Rest Confidently in Christ?

"**왜** 그리스도를 의지해야 합니까?"

이것은 한 친구로부터 받은 질문입니다. 저는 이 질문에 기꺼이 대답하였습니다. 먼저 우리가 그리스도를 조금이라도 신뢰하는 마음이 있다면, 그분을 의지하면 할수록 좋다는 말로 시작하였습니다.

약한 믿음일지라도 참된 믿음이면 그로 인하여 구원을 받습니다. 그러나 믿음이 강할수록 하나님은 더 많은 영광을 받으시고 우리에게는 더 큰 평안이 임합니다.

육체를 자랑하거나 그것을 의지하는 것은 매우 어리석은 일입니다. 주 안에서 자랑하는 것이 가장 현명한 일입니다. 그리스도의 십자가 안에서 자랑하고 기뻐하는 것이 정당하고 바람직한 일입니다.

하나님의 아들에 대한 강한 확신은 태산 같은 슬픔과 환난을 제거합니다. 믿음은 아무리 강해도 지나치지 않습니다. 이러한 확신은 오직 성경의 보장을 받지 못하는 경우에만 무의미한 것이 됩니다. 하나님의 말씀을 의심하지 않고 온전히 믿을수록 더욱더 올바른 지혜를 따라 행동할 수 있습니다.

그리스도를 의지하는 이유

왜 그리스도를 의지해야 합니까?

첫째, 예수 그리스도는 하나님의 아들이시기 때문입니다. 그분은 만유 위에 계셔 영원히 찬양을 받으실 하나님이십니다. 그 안에는 신성의 모든 충만이 육체로 거하십니다. 그분은 참 하나님이시며 영원한 생명이십니다. 그분은 여호와의 모든 온전함을 갖추셨습니다.

그분은 나의 부족함과 연약함을 아시고, 나의 모든 죄와 고통을 아십니다. 그분은 나의 대적의 악함과 나의 마음의 어리석음을 아십니다. 그분에게는 나의 본성을 전적으로 그분 자신에게 복종시키며 대적의 악한 궤계와 모략을 파하실 수 있는 능력이 있습니다.

그분의 은혜는 넘치도록 충만하며, 그분의 사랑은 한이 없습니다. 그분의 지혜는 결코 부족함이 없고, 그분의 능력은 능치 못할 일이 없습니다. 그분은 하나님이십니다. 우리가 아무리 그분을 의지하여도 지나치지 않습니다. 그분은 실로 하나님이시며, 하늘과 땅에서 경배받기에 합당하신 분입니다. 그러하기에 나는 그분을 확실히 신뢰합니다.

둘째, 그리스도가 사람이시기에 그분을 의지합니다. 그분은 나와 동일한 육신을 입었으나 죄는 없으신 분입니다. 그분은 우리와 같은 마음을 가지고 계십니다. 그분은 나의 연약함을 느끼십니다.

그분은 극한 고난과 슬픔을 겪었으며, 죽음의 고통을 맛보셨습니다. 그분은 사람들과 하나님에게서 버림받으셨습니다. 그분은 내가 당하는 슬픔과 고난을 하나도 빠짐없이 당하셨습니다. 그분은 나의 모든 고난과 시험은 물론 순수한 기쁨과 기호까지도 이해하십니다.

"우리에게 있는 대제사장은 우리의 연약함을 동정하지 못하실 이가 아니요, 모든 일에 우리와 똑같이 시험을 받으신 이로되 죄는 없으시니라"(히 4:15).

셋째, 성부 하나님께서 그리스도를 증거하고 신뢰하시기

때문에 그리스도를 의지합니다. 하나님은 그리스도를 위해 몸을 예비하셨습니다. 또한 그리스도에게 기름을 부어 영화롭게 하셨으며, 하나님의 일을 위해 그를 특별히 구별하셨습니다. 하나님은 두 번이나 음성을 통해 "이는 내 사랑하는 아들이요 내 기뻐하는 자라"(마 3:17, 막 9:7 참고)라고 말씀하셨습니다.

하나님은 언제나 그의 곁에 계셨습니다. 그분은 그리스도를 죽음에서 살리시고 자신의 보좌 우편에 앉히셨습니다. 그리고 자기 아들에게 모든 심판을 위임하셨습니다. 그리스도는 성부 하나님의 기쁨입니다. 그러므로 이렇게 성부께서 신뢰하시는 그리스도를 의지하는 것은 가장 안전하고도 현명한 일입니다.

넷째, 그리스도께서는 구원을 받기 위해 자신에게로 오는 자를 반드시 구원하고 도와주시기 때문에 그분을 의지합니다.

천국의 안식을 누리지 못하는 자들 가운데 주 예수 그리스도를 의지하는 자는 한 사람도 없습니다. 믿음이 없어 싫증을 내고 거룩한 계명에서 떠난 자들은 그리스도 예수 안에 있는 진정한 영광을 보지 못한 사람들입니다.

그리스도는 한 번도 그들의 전부가 되어 그들에게 전적인 사랑을 받아 본 적이 없습니다. 혹시 그들이 그리스도가 자신의 모든 소망과 희망이었다고 말할지도 모르겠지만, 실상은 스스로 속고 있었던 것입니다.

그분의 사랑을 받았던 한 제자의 말을 들어 보십시오.

"그들이 우리에게서 나갔으나 우리에게 속하지 아니하였나니, 만일 우리에게 속하였더라면 우리와 함께 거하였으려니와, 그들이 나간 것은 다 우리에게 속하지 아니함을 나타내려 함이니라"(요일 2:19).

다섯째, 그리스도께서 내가 원하는 모든 확신을 주셨기 때문에 그분을 의지합니다. 저는 그리스도께서 그분의 말씀과 행동과 고통스러운 죽음과 영광스러운 삶을 통해 자기를 믿는 자에게 모든 유익한 것을 주실 것이라고 믿습니다.

그리스도는 "이는 내가 살아 있고 너희도 살아 있겠음이라"(요 14:19)라고 말씀하셨습니다. 또한 바울은 "자기 아들을 아끼지 아니하시고 우리 모든 사람을 위하여 내주신 이가 어찌 그 아들과 함께 모든 것을 우리에게 주시지 아니하겠느냐"(롬 8:32)라고 하였습니다.

이처럼 귀하고도 중요한 약속은 셀 수 없이 많습니다. 저는 이런 약속이 얼마나 많은지를 정확히 아는 사람을 지금까지 한 번도 만나본 적이 없습니다. "하나님의 약속은 얼마든지 그리스도 안에서 예가 되니"(고후 1:20)라고 하였습니다.

또한 이러한 약속은 행할 수 없는 조건을 내세워 짐을 지우지도 않습니다. 그분은 모든 겸손한 영혼에게 "내가 너를 떠나지 아니하며 버리지 아니하리니"(수 1:5)라고 말씀하십니다.

여섯째, 나는 그리스도의 은혜와 긍휼의 복된 경험을 하였기 때문에 그분을 의지합니다. 나는 한때 길을 잃고 방황하며 멸망을 향해 달려가던 불쌍한 사람이었습니다. 나는 엄청난 죄인이었습니다. 그때 그분은 내 곁을 지나시면서 "너를 구속하였으니 생명을 얻으라"라고 말씀하셨습니다.

나는 그분의 피와 의로 죄 사함과 용납하심을 얻었습니다. 나는 매우 더러워져 있었으며 불신앙의 악한 마음을 가지고 있었으나 그분은 나에게서 돌같이 굳은 마음을 제하시고 새로운 마음을 주셨습니다. 나는 영적으로 눈먼 사람이 되어 거룩함이나 예수 그리스도 안에 있는 아름다움을 볼 수 없었습니다. 그런데 그리스도가 성령으로 나의 눈을 뜨게 하셨으며, 나는 그분의 영광과 온전한 은혜와 진리를 보게 되었습니다.

나는 한때 전능자를 두려워하였으나 그리스도께서 자신의 영을 주사 하나님을 아빠 아버지라 부르게 하셨습니다. 나는 한때 죄를 사랑하였으며 어떤 죄에는 특히 깊이 빠져 있었습니다. 그러나 그분의 은혜로 모든 헛된 생각과 거짓된 길을 미워하게 되었습니다.

나는 악한 것을 멀리하였지만 혼자 남겨지면 물과 같이 연약하여져서 내 힘으로는 어떤 선도 행할 수 없었습니다. 그러나 그분의 은혜로 말미암아 나는 모든 것을 할 수 있습니다. 그분께서 나를 강하게 하셨기 때문입니다. 이러한 경험은 나에게 놀라움과 기쁨을 안겨 줍니다.

일곱째, 그리스도 예수께서 자기에게 나아오는 자들을 결단코 거절하지 않으시기에 그분을 의지합니다. 그분은 길을 잃고 방황하는 불쌍한 죄인들이 죄와 방황의 길에서 돌이켜 위대하신 목자와 영혼의 감독 되신 이에게로 돌아오는 것을 보았습니다. 이것이 바로 그리스도의 사역과 고난의 대가로 그분에게 약속된 유일한 보상이었습니다.

성경은 그리스도께서 받으실 이러한 보상에 대해 말씀합니다.

"그가 씨를 보게 되며 그의 날은 길 것이요 또 그의 손으로 여호와께서 기뻐하시는 뜻을 성취하리로다"(사 53:10).

"여호와의 속량함을 받은 자들이 돌아오되 노래하며 시온에 이르러 그들의 머리 위에 영영한 희락을 띠고"(사 35:10).

또한 하나님께서는 그가 받으신 모든 고난의 대가에 대해 이렇게 말씀하십니다.

"그러므로 내가 그에게 존귀한 자와 함께 몫을 받게 하며 강한 자와 함께 탈취한 것을 나누게 하리니"(사 53:12).

나는 나의 구원을 위해 자신에게 주어진 모든 고난과 사역을 기꺼이 담당하신 구주를 의지할 각오가 되어 있습니다. 그분은 자신의 소유된 백성들을 끝까지 사랑하셨습니다. 그리스도께서 그렇게 큰 희생을 치르고 자신의 소유로 삼으신 백성을 버리시겠습니까? 절대 그렇게 하지 않으실 것이라고 믿습니다.

여덟째, 그리스도께서 시온의 거룩한 왕이시기 때문에 나는 그분을 의지합니다. 그분은 공평한 홀을 들고 머리에는 많은 면류관을 쓰고 모든 대적을 파하시는 만유의 주이십니다. 나는 위대한 선지자이신 그분을 의지합니다. 그분은 생명의 길이십니다. 그리스도는 "나는 마음이 온유하고 겸손하니 나의 멍에를 메고 내게 배우라"(마 11:29)라고 말씀하셨습니다.

또한 나는 지금도 나를 위해 중보하고 계신 위대한 제사장이신 그리스도를 의지합니다. 성부께서는 언제나 그분의 기도를 듣고 계십니다. 그러하기에 그로 말미암아 아버지께로 오는 자들을 끝까지 구원하실 수 있습니다.

이와 같은 이유로 인해 나는 그리스도를 담대히 의지합니다. 나는 결코 실망하지 않을 것입니다. 나는 오직 그분만을 바라봅니다. 천사들은 나를 구원할 수 없습니다. 나의 형제 역시 나를 위해 하나님께 속전을 지불할 수 없습니다. 나 자신도 나를 구원할 수 없습니다.

예수 외에 내가 갈 곳이 어디 있겠습니까? 그분에게는 영생의 말씀이 있습니다. 나는 오직 그분만 의지할 것입니다. 나는 그분을 영원히 의지할 것이며, 그 안에서 나는 영광스러운 안식을 얻을 것입니다.

자기 의의 배제

여기에 자기 의는 당연히 전적으로 배제되어야 합니다.

어느 날 저는 캠던 앰보이 철도Camden and Amboy Railroad를 따라 뉴저지 주를 동쪽으로 횡단하고 있었습니다. 종착역을 앞두고 기차는 불모지와 같은 땅이 펼쳐져 있는 길 한편에 잠시 머물렀습니다. 저는 동행하는 사람 없이 혼자 여행하고 있었고, 다른 승객들도 대부분 혼자인 것 같았습니다.

모두들 한마디씩 하는 가운데 이윽고 한 신사가 흰 모래사장을 바라보면서 "여러분, 어떤 점에서 이 땅이 자기 의와 비슷합니까?"라고 말했습니다. 그때 누군가가 "가지면 가질수록 더 가난해지는 것이겠지요"라고 대답했습니다. 신사의 통찰력도 예리했지만, 그 답변도 참으로 훌륭했습니다. 자기 의가 많으면 많을수록 그 사람은 더 가난해지는 것입니다.

사실 도덕적으로 선하지 못할 때 사람들은 자기 의를 더욱 많이 드러냅니다. 바꾸어 말하면, 죄에 빠지면 빠질수록 죄에 대한 바른 관점을 가지기가 힘들다는 것입니다.

저는 오십 년 이상 교도소를 방문하여 수감자들의 삶에 대해 허심탄회한 대화를 나누곤 하였습니다. 저는 형이 확정된 몇몇 불행한 사람들을 만나 보았습니다. 그러나 한 번도 자신의 죄에 대해 솔직하게 고백하는 것을 들어 본 적이 없습니다. 어떤 사람은 자신의 아내를 죽인 사실을 인정하면서도 당시에는 술에 취해 그랬노라고 변명하기에 급급했습니다.

저는 재판의 공정성과 증거의 진실성, 판결의 공평성을 인정하는 사람도 전혀 보지 못하였습니다. 참으로 놀라운 일입니다. 누가복음 10장 29절에 나오는 율법교사처럼 모든 사람은 하나같이 '자기를 옳게 보이려고' 하고만 있었습니다.

왜 그렇습니까? 사람이나 물질에 대한 범죄는 사람의 마음을 완악하게 만들기 때문입니다. 또한 죄를 범하면 범할수록, 성령께서 양심을 되살리지 않는 한 죄의식은 더욱 줄어들기 때문입니다. 죄를 범할수록 눈먼 자가 되어 가는 것입니다. 어두운 동굴로 깊이 들어갈수록 지각은 더욱 둔해지게 되어 있습니다.

15 그리스도인의 소망
the Christian's Hope

왜 우리는 하나님께 소망을 두어야 합니까? 우리에게는 하나님과 같은 친구가 필요합니다. 나는 약하지만 그분은 능력과 힘을 가지고 계십니다. 나는 스스로 선한 생각조차 하지 못합니다. 나는 어떻게 기도해야 할지도 모릅니다. 하나님께서 나의 연약함을 도와주지 않는다면, 나는 아무것도 제대로 할 수 없을 것입니다. 그러나 그분께서 나에게 힘을 주신다면 나는 모든 것을 할 수 있습니다. 그러하기에 나는 하나님을 간절히 소망합니다.

나를 향한 하나님의 사랑과 섭리

하나님께서는 나의 모든 사정을 통찰하는 지식과 나에 관한 모든 것을 섭리할 수 있는 지혜가 있습니다. 그분에게는 실수가 없습니다. 그분은 결코 속지 않으시며 누구에게도 기만당하지 않으십니다.

모든 것을 아시는 그분은 나의 연약함을 아십니다. 그분은 나의 슬픔을 아십니다. 그분은 나의 속마음을 아십니다. 지혜로우신 그분은 마음속에 있는 모든 교활함을 찾아내십니다. 그분의 지혜는 실패를 모릅니다. 그분은 절대 혼동하거나 당황하지 않으십니다.

그분은 나에게 필요한 긍휼과 자비를 가지고 계십니다. 그분의 사랑과 인자하심이 한이 없기 때문에 아무도 그 높이와 깊이와 넓이와 길이를 알지 못합니다. 바다와 같은 하나님의 사랑은 끝이 없으며 다함이 없습니다. 그분의 사랑은 강력하고도 무한합니다. 그것은 결코 여인의 사랑과 비교할 수 없습니다.

하나님의 사랑은 참으로 놀라운 결과를 가져옵니다. 그 사랑은 모든 경건한 사람들의 마음을 기쁨으로 채웁니다. 그것은 온 하늘을 '할렐루야'로 채웁니다. 오, 나는 하나님을 간절히 소망할 수밖에 없습니다.

하나님 안에서 발견되는 인자와 진리 이상의 것은 없습니다. 그것은 변함이 없고 측량할 수도 없습니다. 그것은 하늘에까지 이르고, 모든 세대를 아우릅니다.

하나님은 사람이 아니기 때문에 거짓말하지 않으며, 사람에게서 나지 않았기 때문에 후회가 없으십니다. 그런 그분께서 말씀하신 것을 이루시지 않겠습니까? 그분은 절대 피조물과의 약속을 깨뜨리시지 않습니다.

그분의 긍휼은 풍성하고 무한합니다. 이와 같이 복된 진리도 만일 우리가 그분의 긍휼이 확실하다고 말할 수 없다면 힘을 잃고 말 것입니다. 오, 나는 하나님을 소망해야 하며, 또 반드시 소망할 것입니다.

오직 참 소망이 되시는 하나님

하나님만 바라지 않으면 자기 자신을 바라보게 될 것입니다. 그러나 우리는 모두 어리석은 죄인이며 하루살이에게라도 눌려 죽을 자이며, 벌레보다 못한 자요 눈먼 자이며, 하나님의 긍휼을 받을 자격이 전혀 없는 자입니다.

누가 감히 자신이 언제나 옳거나 지혜롭고 강하며 부끄러울 것이 없는 자라고 자부할 수 있겠습니까? 나는 감히 나의 통찰력이나 지혜를 믿을 수 없으며, 나의 의에 어떤 기대도

할 수 없습니다. 그러하기에 전능하신 하나님 아버지와 성자와 성령께서는 우리에게 삼위 하나님만을 바라며 소망하는 은혜를 주십니다.

나는 다른 사람의 도움도 기대하지 않습니다. 어리석고 악한 죄인들은 물론 경건한 사람들도 모두 믿을 만한 존재가 못됩니다. 가장 경건한 사람도 "나여 망하게 되었도다"(사 6:5), "나는 죄인이로소이다"(눅 5:8), "오호라, 나는 곤고한 사람이로다"(롬 7:24)라고 말합니다. 그러므로 나는 사람에게 어떤 실질적인 도움을 기대하지 않습니다. 오직 하나님만 바라보아야 할 것입니다.

천사도 소망의 대상으로 삼지 않을 것입니다. 그들은 하나님이 허락하시지 않으면 그 어떤 지혜나 선이나 능력도 행할 수 없기 때문입니다. 만약 그들이 홀로 남겨진다면 그들은 전적으로 실패하고 말 것입니다. 그들은 하나님 앞에서 완전하지 못하며, 하나님은 그들의 어리석음을 책망하십니다.

그들은 하나님의 종으로서 나를 섬기기도 하고 그분의 명령에 따라 그분의 능력으로 나를 돕기도 합니다. 그러나 우리가 구원받은 것은 전적으로 하나님의 은혜이지 천사가 베푸는 은혜가 아닙니다. 그러므로 나는 천사를 경배할 수 없으며, 오직 하나님만을 소망합니다.

나는 담대히 하나님을 바라봅니다. 나의 온 마음은 여기에 있습니다. 나는 결코 물러설 수 없습니다. 나는 오직 이곳에만 닻을 내리지 못한 것을 부끄럽게 생각합니다. 이제 나는 오직 하나님만 소망할 것입니다.

이러한 소망에 대해 나는 결코 실망하지 않을 것입니다. 결국 모든 것이 잘될 것입니다. 그분의 자비와 긍휼이 늦어질 수도 있겠지만, 그 시기는 가장 적절하고 좋은 때, 무한한 지혜와 선으로 선택된 바로 그 시점이 될 것입니다.

지난 세대를 보십시오. 여호와만을 의지한 사람 가운데 실망하여 돌아선 자가 있었습니까? 영광 중에 있는 모든 성도는 하나같이 하나님께서 자신에게 약속하신 말씀을 이루셨다고 고백합니다. 그러하기에 나는 그분의 진리와 긍휼과 능력을 간절히 소망합니다.

하나님을 소망하는 것은 뻔뻔스러운 것도 아닙니다. 하나님께서 나에게 그렇게 하라고 명령하셨습니다. 하나님의 뜻에 순종하고 그분의 명령에 귀를 기울이는 것은 언제나 확실하고도 옳은 길입니다. 이것은 그 자체로 나에게 주어진 매우 즐거운 의무입니다. 만일 내가 하나님의 도우심을 바라지 말라는 명령을 받았다면, 나의 영혼은 공포로 얼어붙고 말 것입니다.

이제 나는 하나님 앞에 담대히 나아갈 것입니다. 하나님의 은혜의 보좌 앞으로 나아갈 것입니다. 나의 입에는 그분께 하고 싶은 말이 넘쳐납니다. 나는 그분을 나의 하나님, 나의 아버지, 나의 목자, 나의 반석, 나의 친구, 나의 분깃, 나의 기쁨, 나의 영원한 모든 것이라고 부를 것입니다.

그러므로 하나님만 바라보면서 언제나 소망을 잃지 마시기를 바랍니다.

"주 하나님 크신 능력 참 신기하도다.
바다와 폭풍 가운데 주 운행하시네.

참 놀라우신 그 솜씨 다 측량 못 하네.
그의 묘하고도 귀한 뜻 다 이뤄지도다.

두려움의 먹구름이 우리를 덮어도
크신 은혜와 축복의 소나기 되리라.

의심의 장막 거두고 주 은혜 믿으라.
보라, 고난 속에 감추인 놀라운 섭리를.

주의 귀한 뜻과 섭리 날마다 새롭다.
고난의 길 벗어나니 영광의 길이라.

어둠 속에서 눈먼 자같이 나 헤맬지라도
주 나를 불쌍히 보사 내 앞길 비추리."

"우리 주 예수 그리스도의 아버지 하나님을 찬송하리로다. 그의 많으신 긍휼대로 예수 그리스도를 죽은 자 가운데서 부활하게 하심으로 말미암아 우리를 거듭나게 하사 산 소망이 있게 하시며"(벧전 1:3).

"소망의 하나님이 모든 기쁨과 평강을 믿음 안에서 너희에게 충만하게 하사 성령의 능력으로 소망이 넘치게 하시기를 원하노라"(롬 15:13).

"사람이 여호와의 구원을 바라고 잠잠히 기다림이 좋도다"(애 3:26).

"주의 종에게 하신 말씀을 기억하소서. 주께서 내게 소망을 가지게 하셨나이다"(시 119:49).

II
part

그리스도인의 신뢰 | 그리스도인의 선한 결심 | 그리스도인의 삶의 원리 | 그리스도인의 대적 | 그리스도인의 목자 | 그리스도인의 대언자 | 그리스도인의 보증 | 그리스도인의 기쁨 | 그리스도인의 슬픔 I | 그리스도인의 슬픔 II | 그리스도인의 진리 투쟁 | 그리스도인의 영광스러운 풍성함 | 어느 그리스도인의 묵상 | 어떻게 해야 합니까? | 죽은 후에도 이어지는 그리스도인의 영향력

the
CHRISTIAN
II

16 그리스도인의 신뢰
the Christian's Trust

욥은 고난을 당할 때에 "그가 나를 죽이시더라도 내가 그를 신뢰하리라"(욥 13:15 참고)라고 고백했습니다. 이것은 훌륭한 결심이자 복된 결단입니다.

하나님을 향한 욥의 신뢰

이러한 결심은 욥에게 반드시 필요한 것이었습니다. 그의 환경은 그를 고통으로 몰아넣으면서도 그로 하여금 바른편에 굳게 설 것을 요구했습니다. 그러므로 그의 태도는 자신의 상황에 정확히 부합되는 것이었습니다. 그는 앞으로 일이 어떻게 전개될 것인지는 알 수 없었지만, 어떤 일이 일어나더라도 하나님께 매달릴 것을 결심한 것입니다.

욥의 결심은 신속했습니다. 욥은 조금도 주저하지 않았습니다. 그는 시간을 요구하거나 더 좋은 생각을 구하지 않았습니다. 그는 선택을 요구당했을 때 즉시 그렇게 고백했습니다. 잠시도 지체하지 않고 급히 하나님께 피하였던 것입니다.

그는 분명히 이전에도 종종 그렇게 고백하였을 것입니다. 마음에 결단하고 하나님께 매달리는 것은 경건한 사람의 본질적 특성입니다. 훗날 누군가는 "주여 영생의 말씀이 주께 있사오니 우리가 누구에게로 가오리이까"(요 6:68)라고 고백했습니다. 하나님을 향한 진정한 신뢰가 없는 경건은 결코 있을 수 없습니다.

욥의 고백은 위선이 아니라 진심이었습니다. 그는 진지했습니다. 어떤 위선자라도 욥과 같은 상황에서 그러한 고백을 하는 것은 쉽지 않을 것입니다. 오히려 절망에 빠져 모든 것을 포기하고 하나님을 저주하며 비난하다가 죽었을 것입니다.

욥의 결단은 현명한 것이었습니다. 하나님을 향한 확신을 버리는 것만큼 어리석은 행위도 없습니다. 성경은 '두려워하는 자들'을 '흉악한 자들과 살인자들과 거짓말하는 모든 자'와 동일하게 취급하였습니다(계 21:8 참고).

사람들이 하나님을 신뢰하지 못하는 이유는 그들이 악하기 때문입니다. 그래서 그들은 하나님을 알지 못하며 사랑하지 않을 뿐만 아니라 오히려 싫어합니다. 그러나 자신의 짐을 하나님께 맡기는 것보다 더 현명한 일은 없습니다.

사실 우스 땅의 욥의 행동은 특별했습니다. 이와 같이 하나님의 백성은 특별한 사람들입니다. 그들은 이 세상에 속한 사람이 아닙니다. 그들의 마음은 사람에 관한 일보다 하나님에 관한 일에 더 끌립니다. 그들은 위에서 난 자들입니다. 그들은 하나님에 관해 배웁니다.

욥의 상황은 매우 특이했습니다. 그의 동시대인이나 지금까지 살았던 많은 사람들은 그를 본받으려고 하지 않았습니다. 하나님을 향한 신앙에 자신의 생명과 모든 것을 거는 것이 결코 현명한 처신으로 보이지 않았기 때문입니다.

그러나 욥의 결심은 틀림없이 복된 결심입니다. 그는 하나님의 은혜로 자신의 행위에 대해 말했습니다. 욥은 다른 사람과 마찬가지로 연약한 사람이었습니다. 그는 스스로 한하며 티끌과 재 가운데서 회개하였습니다.

그러나 하나님은 그와 함께하셨으며, 그로 하여금 선한 고백을 하도록 인도하셨습니다. 그는 하늘의 도움을 받았습니다. 즉, 그러한 결심은 힘이나 능력으로 된 것이 아니라 오직 성령으로 말미암은 것이었습니다.

욥의 결심은 유지되었습니다. 그는 그 후로 한 번도 정도에서 벗어나지 않았습니다. 그는 그답지 않은 말을 하기도 했으나 하나님으로부터 멀어지지는 않았습니다.

아무리 좋은 결심이라도 그것이 무너져 버리면 아무런 쓸모가 없습니다. 그는 마지막까지 조잡한 위선의 탈을 쓰지 않았으며, 끝까지 하나님 여호와께 매달렸습니다.

그러한 욥의 결심과 행위는 좋은 결과를 가져왔습니다. 하나님은 욥의 중심을 인정하셨습니다. 하나님은 세 친구에게 "너희가 나를 가리켜 말한 것이 내 종 욥의 말같이 옳지 못함이니라"(욥 42:7)라고 말씀하셨습니다. 그리고 여호와께서는 '욥의 말년에 욥에게 처음보다 더 복을'(욥 42:12) 주셨습니다. 욥의 신뢰는 결코 헛된 것이 아니었습니다.

"너희가 욥의 인내를 들었고 주께서 주신 결말을 보았거니와 주는 가장 자비하시고 긍휼히 여기시는 이시니라"(약 5:11).

길이 어두우면 어두울수록 더욱더 하나님을 신뢰해야 합니다. 하나님은 때때로 자기 백성을 죽이기도 하시고 살리기도 하십니다. 그분은 사망과 음부의 열쇠를 가지고 계십니다. 욥은 하나님께서 자기를 고통과 질병으로 끊으실지도 모른다고 생각하였습니다. 그러나 그럼에도 불구하고 그는 구원의 반석을 버릴 수 없었습니다.

오직 하나님만 신뢰하는 그리스도인

여러분은 욥을 본받으시겠습니까? 그렇다면 정말 잘하신 것입니다. 전능자로부터 뒷걸음치는 것은 멸망을 의미합니다. 그분을 신뢰하지 않는 것은 너무나 어리석은 일입니다. 살아 계신 하나님으로부터 벗어나려는 생각은 결코 좋은 생각이 아닙니다. 여호와를 버리는 것은 곧 죽음입니다.

여호와를 신뢰한다면, 다른 어떤 것도 그 신뢰를 방해하지 못하게 해야 합니다. 다른 모든 것을 버리시기 바랍니다. 어떤 사람은 금을 소망으로 삼고, 혹은 말과 병거를 의지하며, 어떤 사람은 활을, 어떤 사람은 칼을 의지하며, 어떤 사람은 자신의 힘과 지혜를 의지합니다. 그러나 지혜로운 사람과 경건한 사람은 오직 여호와 하나님만을 앙망합니다(욥 31:24, 시 20:7, 시 44:6, 사 40:31 참고).

고아나 과부, 의지할 데 없는 자나 죽어 가는 자는 물론 모든 사람은 여호와를 의지해야 합니다. 하나님을 신뢰하는 자에게는 많은 복이 따릅니다. 그것이 풍성한 영적 번영의 유일한 길입니다.

"욕심이 많은 자는 다툼을 일으키나 여호와를 의지하는 자는 풍족하게 되느니라"(잠 28:25).

또한 그것이 영혼을 속박하는 두려움을 치유하는 위대한 방법입니다.

"보라, 하나님은 나의 구원이시라. 내가 신뢰하고 두려움이 없으리니"(사 12:2).

하나님을 신뢰하지 않는다면, 어떤 기쁨이나 마음의 평안도 기대할 수 없습니다.

"여호와를 의지하는 자는 시온 산이 흔들리지 아니하고 영원히 있음 같도다"(시 125:1).

"그는 흉한 소문을 두려워하지 아니함이여, 여호와를 의뢰하고 그의 마음을 굳게 정하였도다"(시 112:7).

경건한 확신 이외에는 결코 안전함이 없습니다.

"그는 자기에게 피하는 모든 자의 방패시로다"(시 18:30).

"여호와를 의지하는 자는 안전하리라"(잠 29:25).

우리의 유익과 모든 위로는 오직 여호와를 신뢰하는 일에 달려 있습니다.

"여호와를 의뢰하고 선을 행하라. 땅에 머무는 동안 그의 성실을 먹을거리로 삼을지어다"(시 37:3).

하나님에 대한 신뢰는 선조들에게 큰 위안을 주었습니다. 시편 기자는 이러한 사실을 알았습니다.

"주 여호와여, 주는 나의 소망이시요 내가 어릴 때부터 신뢰한 이시라……하나님이여, 내가 늙어 백발이 될 때에도 나를 버리지 마시며"(시 71:5,18).

"여호와께 피하는 것이 사람을 신뢰하는 것보다 나으며 여호와께 피하는 것이 고관들을 신뢰하는 것보다 낫도다"(시 118:8,9)라고 했습니다. 우리는 언제나 이러한 진리를 깨닫고 실천하고 있습니까?

17 그리스도인의 선한 결심
A Christian's Good Resolutions

"지옥으로 향하는 길은 선한 결심으로 포장되어 있다."

경종을 울려 주는 이 말을 누가 가장 먼저 했는지는 모르겠지만, 여기에는 무서운 진리가 내포되어 있습니다.

어리석은 자의 어리석은 결심

지금도 수많은 사람들이 영원한 지옥으로 떨어지고 있습니다. 그런데 놀라운 것은 그들이 지옥에 가겠다고 결심한 적이 전혀 없으며, 오히려 천국에 가겠다고 결심했었다는 사실입니다. 그러나 그들의 선한 결심은 실패하였습니다. 그들의 결심에는 마땅히 있어야 할 진실함이 없었기 때문입니다.

그러한 그들의 결심은 인간적인 의지에 불과합니다. 불쌍한 죄인은 결심은 하지만, 자신에게 기만하는 마음이 있다는 것과 악한 세상과 엄청난 대적이 도사리고 있다는 사실을 모르고 있습니다. 그는 자신에게 선을 행할 힘이 없다는 것과 무엇을 생각할 수 있는 능력이 부족하다는 것과 성령의 도우심이 아니면 기도조차 할 수 없다는 사실을 몰랐던 것입니다.

그래서 그의 결심은 겸손하지도 않으며, 그를 겸손하게 만들지도 못합니다. 오히려 그는 자신의 마음과 생각을 어리석고도 헛된 것으로 가득 채웁니다. 그러면서 어리석게도 더 나은 결심을 할 수 있다고 믿고, 오히려 자신의 결심을 깨뜨리고 맙니다. 그래서 지옥으로 가는 길에는 '지키지도 못한 채 깨져 버린 선한 결심'이 가득한 것입니다.

반면 천국으로 가는 길은, 선한 결심과 확고한 목적, 자신의 부족과 연약함에 대한 깊은 인식에서 나오는 거룩한 결단, 하나님의 은혜와 도우심에 대한 경건한 확신, 자신의 마음에 대한 거룩한 두려움과 경계심 등으로 포장되어 있습니다.

저는 거듭남이란 결정적인 결단의 변화에 지나지 않는다는 뻔뻔하고도 어리석은 주장을 기억합니다. 이러한 주장은 참으로 엄청난 잘못입니다. 그것은 합당하지 않은 자들로 교회를 채우게 만들었습니다. 겉모양만 신자인 피상적 부류를 양

산한 것입니다.

오늘날 이러한 입장을 따르는 사람은 거의 없습니다. 그런데 어떤 사람들은 그러한 오류를 시정하겠다고 하면서 오히려 확고한 마음의 결단 없이도 영적인 성장과 경건의 깊이를 더할 수 있다는 식의 경솔한 발언을 쏟아 냅니다. 이러한 주장 역시 결심을 거듭남과 연결시키는 반대 주장만큼이나 위험합니다.

지혜로운 사람이 분명한 목표나 결심도 없이 위대한 일이나 선한 사역을 감당하거나 성취하는 것을 보았습니까? 학자가 되거나 농사를 짓거나 집을 세우려는 사람도 먼저 구체적인 계획을 세운 후에 그것을 실천에 옮길 것입니다. 아무런 계획이 없는 삶은 공허하고 헛될 뿐입니다. 일단 뜻이 정해지면 그것에 최선을 다해야 합니다.

하나님이 원하시는 선한 결심

성경을 통해 좀 더 자세히 살펴봅시다.

"아브람이 그의 아내 사래와 조카 롯과 하란에서 모은 모든 소유와 얻은 사람들을 이끌고 가나안 땅으로 가려고 떠나서 마침내 가나안 땅에 들어갔더라"(창 12:5).

만일 여러분이 어떤 일을 하기 위해 움직이지 않는다면 그 일을 이룰 수 없을 것입니다. 먼저 실행 가능한 목표를 세운다면 하나님의 도우심을 통해 그 일을 성취할 수 있을 것입니다. 아버지를 떠난 탕자의 고백을 들어 보십시오.

"내가 일어나 아버지께 가서 이르기를, 아버지 내가 하늘과 아버지께 죄를 지었사오니 지금부터는 아버지의 아들이라 일컬음을 감당하지 못하겠나이다. 나를 품꾼의 하나로 보소서 하리라"(눅 15:18,19).

이 결심은 자신이 겪은 비참한 경험과 올바른 반성을 통해 나온 결과이며, 겸손에서 우러나온 고백입니다.

또한 이어지는 말씀은 이러한 그의 고백이 거짓이 아님을 보여 줍니다.

"이에 일어나서 아버지께로 돌아가니라"(눅 15:20).

만일 그가 기근이 심한 땅에서 더 머뭇거렸다면 멸망하고 말았을 것입니다. 실천하려는 결단이 없이 어떤 일을 하겠다는 것은 지혜가 아닙니다.

다윗의 글을 읽고, 그가 여호와를 사랑하고 기도하며 찬양하겠다는 결심을 얼마나 자주, 그리고 얼마나 진지하게 하는지를 보십시오. 만일 그에게 그처럼 확고한 마음의 결단이 없었더라면, 그가 그토록 탁월한 여호와의 종이 될 수 있었겠습니까?

 이 주제와 관련하여 이성과 성경이 우리에게 요구하는 바는 분명합니다.

 첫째, 우리의 선한 결심은 성급하게 이루어져서는 안 되며, 신중하게 숙고되어야 합니다. 마음을 정한 후에 다시 돌이켜 검토하는 것은 어리석은 짓입니다. 하나님은 모든 위선과 허황된 고백을 미워하십니다.

 사람과의 약속도 맹세하기 전에 신중에 신중을 거듭해야 한다면, 하물며 하나님과의 약속에 있어서 우리는 자신의 마음에 대해 아무리 경계하여도 부족할 것입니다. 하나님은 어리석은 자를 기뻐하시지 않습니다.

 둘째, 하나님을 섬기려는 그 어떤 결심도 위선적이 아니라 진실해야 하며, 마지못해 하는 것이 아니라 기쁨으로 해야 하며, 형식적이 아니라 진정으로 해야 합니다. 하나님은 즐겁게 드리는 자를 사랑하십니다.

 탕자는 큰 수치심을 느꼈으나 머뭇거리지 않고 돌아왔습니다. 그는 자신을 책망하였으나 아버지가 적어도 자신을 품꾼으로는 써 주실 것이라는 소망을 가졌습니다. 그것마저도 그에게는 과분한 대우였으며, 지금의 비참한 상태에 비하면 훨씬 나은 것이었습니다.

셋째, 하나님에 대한 헌신의 결심이 절대 과장되지 않도록 주의해야 합니다. 어떤 사람은 입술로만 헌신합니다. 어떤 사람은 은밀히 헌신할 준비가 되어 있지만, 실상은 단 한 번도 선한 고백을 실천하지 못합니다. 어떤 사람은 한동안 기꺼이 헌신하지만, 자신의 모든 삶을 바쳐 영원토록 헌신하지는 못합니다.

이러한 잘못이 간과되기를 바라는 사람들도 있습니다. 그들은 이 문제를 대수롭지 않게 여깁니다. 그러나 그것은 바른 태도가 아닙니다. 하나님을 그렇게 대하지 마시기를 바랍니다. 여러분을 위해 모든 것을 해 주신 그분을 위해 여러분이 할 수 있는 일은 극히 미미합니다.

넷째, 모든 결심을 함에 있어서 우리의 시선은 그리스도의 인격과 사역과 은혜와 모범과 고난과 의와 능력과 중보에 고정되어야 합니다.

그분이 없이는 아무것도 할 수 없습니다. 죄를 씻을 수 있는 것은 오직 그리스도의 보혈밖에 없습니다. 그분의 제사장적 희생은 죄 사함을 가져오지만, 여러분의 눈물은 어떤 죄도 씻지 못합니다. 그리스도는 전능하신 구원자이며, 여러분에게는 이러한 전능자가 필요합니다. 그분은 모든 믿는 자의 의를 위해 율법의 마침이 되셨습니다. 그분은 알파와 오메가입니다. 그 예수를 바라봅시다.

다섯째, 성령의 능력과 내주하심을 믿고 의지하는 것을 잊지 마십시오. 성령님은 겸손한 사람을 하나님 앞에 왕과 제사장으로 세우시는 거룩한 관유이십니다.

우리는 눈먼 자이지만, 성령께서 우리의 어두운 눈을 밝히시는 안연고眼軟膏·eye-salve가 되어 주십니다. 우리는 하나님을 찬양하지 못하는 벙어리이지만, 그분의 능력은 우리의 더듬는 혀를 자유롭게 풀어 줄 것입니다. 우리는 선한 일에 슬퍼하고 낙심하지만, 그분은 모든 성도에게 기쁨의 기름이 되실 것입니다.

비록 언어적 표현이 간단할지라도 우리의 결심은 분명해야 합니다. 어떤 사람은 명시적 조항으로 상세하게 작성된 서약서가 필요하다고 말합니다. 물론 때때로 그런 방법도 효과적입니다. 그러나 여기에는 적절한 단어 선택이 쉽지 않으며, 결국 양심을 혼란시킨다는 위험이 따릅니다.

올바른 마음을 가진 사람이라면, 여호수아의 결심이나 다음과 같은 찬송가 가사처럼 단순한 결심으로도 흔들리거나 당황하지 않을 것입니다.

> "몸밖에 드릴 것 없어
> 이 몸 바칩니다."[1]

"대저 그 마음의 생각이 어떠하면 그 위인도 그러한즉"(잠 23:7)이라는 말씀이 있습니다. 여러분은 어떤 생각을 하고 있습니까? 여러분의 선한 결심은 무엇입니까? 여러분은 자신의 결심에 따라 살고 있습니까?

---

1) 역자주 – 21세기 새찬송가 143장 '웬 말인가 날 위하여' 중의 일부분입니다.

18 그리스도인의 삶의 원리
the·Christian Lives by Rule

지난 세기의 한 위대한 인물은 "정해진 규칙에 따라 살지 않는 사람은 사는 것이 아니다"라고 말했습니다. 여기에는 우리가 흔히 인정하는 것 이상의 진리가 담겨 있는 듯합니다. 인생은 매우 짧습니다. 그 짧은 인생 속에서 우리는 위대한 일을 해야 합니다. 그렇지 않으면 영원히 파멸하고 말 것입니다.

혼란은 매우 나쁜 것입니다. 그것은 모든 선한 것을 방해합니다. 계획 없는 성공의 사례는 없습니다. 원리나 방법은 좋은 습관을 위해 반드시 필요하며, 좋은 습관은 좋은 성품을 만들어 나갑니다.

원리를 따르는 삶은 훌륭한 원리나 주의maxims에 대해 어느 정도 알 것을 전제로 하지만, 수많은 개념을 모으고 그것을 기억하는 삶은 아닙니다. 거듭난 사람은 행위의 기본이 되는 원리를 전부 알기 전에 이미 어느 정도 바른 삶을 살게 되어 있습니다. 그러나 그렇다고 하더라도 이러한 원리들은 선하며, 계속 연구되어야 합니다.

영적 성장을 위한 선한 원리

성경에는 지혜로운 삶에 관한 원리가 제시되어 있습니다. 이러한 원리들은 주로 잠언에 나타납니다. 그리고 산상수훈이나 여러 서신에는 신앙적인 원리가 나타나 있습니다. 또한 로마서 12장에는 실제적인 원리를 제시되어 있으며, 시편에서는 경험적인 원리를 다룹니다.

이와 같이 모든 성경은 하나님의 감동으로 기록된 것으로, 신적 성품에 참여하게 도와주고 영적 성장에 유익을 줍니다. 특히 다음과 같은 원리들은 많은 사람에게 유익이 됩니다.

첫째, 우리는 언제나 여호와 앞에서 살아야 합니다. 보이지 않는 그분을 눈으로 보고 있는 것처럼 살아야 합니다. 수시로 "하나님이여, 당신은 나를 보고 계십니다"라고 고백하십시오.

우리에게는 하나님께 모든 것을 낱낱이 고해야 할 의무가 있습니다. 우리는 하나님 안에 존재하고 그 안에 거하며 그 안에서 행합니다. 우리의 모든 소출과 열매는 오직 하나님에게서 나옵니다. 그분은 우리의 반석이며 피난처이며 높은 산성이며 힘이십니다.

창조주 하나님을 기쁘게 하는 일에 모든 초점을 맞추는 사람은 복이 있습니다. 그런데도 마치 하나님이 계시지 않는 것처럼 살아가는 신자들이 있습니다. 이것은 참으로 안타까운 일입니다.

둘째, 우리는 하나님의 모든 말씀을 알고 믿고 행하여야 합니다. 성경의 어떤 부분에 대해서도 편견이나 선입견을 갖지 마시기 바랍니다. 모든 말씀은 진리이며 소중합니다. 여러분이 지나쳐 버린 성경의 한 구절이 여러분의 잘못을 바로잡는 데 가장 필요한 진리를 담고 있을 수도 있습니다.

경고와 훈계는 경계심을 갖게 하고, 교훈은 인도하심을, 약속은 용기와 격려를, 교의적 내용은 가르침을, 모범적 사례들은 본받음을, 역사는 조명을, 시는 기쁨을 줍니다.

"주의 입의 법이 내게는 천천 금은보다 좋으니이다"(시 119:72).

"내가 그의 입술의 명령을 어기지 아니하고 정한 음식보다 그의 입의 말씀을 귀히 여겼도다"(욥 23:12).

셋째, 우리는 복음의 순수한 교리를 받아들여야 합니다. 성령으로 시작하지 않고 오히려 육신으로 완전해지기를 바라서는 안 됩니다.

사람들이 복되신 하나님의 영광스러운 복음을 떠나 참으로 교묘하게 위장된 허탄한 이야기로 눈을 돌리는 것은 심히 안타까운 일입니다. 복음에 대한 여러분의 지식이 어디까지 이르렀든지 그것을 굳게 붙드시기를 바랍니다.

처음 원리를 저버리지 마십시오. 어떤 형태의 불건전한 말에도 현혹되지 마십시오. 겨가 어찌 알곡과 같겠습니까?(렘 23:28 참고) 그리스도께서 여러분의 전부가 되신 이상 여러분은 안전합니다. 그러나 만일 여러분이 다른 삶을 즐긴다면, 여러분은 영적인 간음죄를 범하고 있는 것입니다. 하나님의 아들을 경멸하는 것보다 더 하나님을 대적하는 것은 없습니다.

넷째, 이 땅에서의 한시적 삶과 영원에 대해 바르게 평가해야 합니다. 인생은 너무 짧고 모든 세속적인 추구는 헛될 뿐입니다. 인생을 어떻게 사느냐에 따라 영원한 결과도 달라집니다.

영원은 끝이 없고 우주보다 넓습니다. 그 영원은 지옥에 대해서는 가장 어두운 암흑을 선사하며, 하늘나라에 대해서는 영원토록 시들지 않는 기쁨을 선사할 것입니다.

다섯째, 매 순간 주어진 임무에 최선을 다해야 합니다. 평생 오지 않을 수도 있는 미래만 쳐다보고 있어서는 안 됩니다. 또한 되돌릴 수 없는 과거만을 안타까워하면서 시간을 허비해서도 안 됩니다. 지금 주어진 임무에 충실해야 합니다. 자신에게 할당된 몫에 최선을 다해야 합니다. 자신의 자리를 지켜야 합니다. 깨어서 기도해야 합니다.

여러분의 손에 무슨 일이 주어지든, 최선을 다하시기를 바랍니다. 현재 자신에게 주어진 모든 삶에서 하나님과 그분의 의를 굳게 붙들고 사는 것보다 장차 여러분을 더 신실한 사람이 되게 하는 것은 결코 없습니다.

여섯째, 기회가 닿는 대로 모든 사람에게 선행을 베풀어야 합니다. 아낌없는 손길로 친절과 호의를 베푸십시오. 그리고 다른 사람에게 기쁨을 선사한 후에 그것이 자신을 얼마나 복되게 하는지를 확인해 보십시오.

한 아이가 친구와 사과를 나누어 먹으라는 부탁을 받았습니다. 그 아이의 얼굴은 즉시 찡그려졌으며, 불쾌한 표정이 역력했습니다. 그것은 거절의 의미였습니다. 이번에는 다른 아이에게 동일한 부탁을 했습니다. 그 아이는 친절한 미소를 머금었습니다. 그것은 그렇게 하겠다는 의사를 표시한 것이

자 그 아이의 내적 기쁨을 말해 주는 것이었습니다. 그 아이는 엄마에게 자신의 사과를 둘로 나누어 달라고 말했습니다.

이처럼 모든 악한 정욕은 자신에게 고통을 주지만, 아낌없이 베푸는 모든 자비로운 사랑은 사람을 행복으로 인도합니다.

일곱째, 또 하나의 선한 원리는 결코 죄를 심상히 여기지 말아야 하며, 거룩한 것을 멸시하지 않아야 한다는 것입니다. 모든 삶과 예배와 사역은 거룩해야 하며, 말방울에까지 '여호와께 성결이라' 기록되어야 할 것입니다(슥 14:20 참고).

죄를 범하지 않고 어느 정도까지 죄에 근접할 수 있는지를 시험해 보는 어리석은 시도를 해서는 안 됩니다. 위험을 즐기는 자는 그것으로 인하여 망하게 될 것입니다.

샘 패취Sam Patch는 평생 높은 곳에서 뛰어내리는 어리석은 일을 즐겼습니다. 그리고 결국 마지막 시도가 그에게 죽음을 가지고 왔습니다. 죄를 멀리하고 거룩한 것에 매달리는 일에는 결코 지나침이 없습니다.

여덟째, 나태함에서 위대한 결과가 나오기를 바라거나 경솔함이 선한 결과를 낳을 것이라는 환상을 버리시기 바랍니다. 최선을 다하지 않는 노력은 최상의 결과를 낳을 수 없습니다. 부지런한 손이 부자를 만드는 법입니다.

주님의 영광이나 이웃의 유익을 위한 일, 또는 자신을 바로잡는 일에 불필요하게 머뭇거리지 않도록 끊임없이 경계해야 합니다. 머뭇거리고 지체하는 마음은 멸망자 사탄의 모든 유혹 가운데 가장 현혹적인 방법입니다. 그것은 잠시만, 혹은 한 시간이나 하루만 연기하라고 속삭입니다. 그렇게 지체한 일이 결국 자신을 철저하게 무너뜨린다는 생각을 하면 끔찍할 뿐입니다. 그러므로 오늘 이 시간에 여러분에게 맡겨진 일을 지금 바로 하시기를 바랍니다.

19 그리스도인의 대적
the Christian's Enemies

다윗은 "내 원수를 생각하셔서 평탄한 길로 나를 인도하소서"(시 27:11)라는 훌륭한 기도를 하였습니다. "여호와여, 나의 원수들로 말미암아 주의 의로 나를 인도하시고 주의 길을 내 목전에 곧게 하소서"라는 시편 5편 8절 말씀도 이와 유사한 구절입니다.

하나님의 인도하심은 모든 면에서 복입니다. 대적에게 둘러싸여 있을 때 하나님이 우리를 보호해 주지 않으시면 우리는 넘어지고 맙니다. 이럴 때 어떻게 해야 할지 당황하지 않는 것은 큰 복입니다. 여호와의 길은 언제나 부드럽고 깨끗하며 열려 있는 '평탄한 길'입니다. 그 이유는 분명합니다.

대적의 끊임없는 공격

우리의 대적은 참으로 많습니다.

"나를 핍박하는 자들과 나의 대적들이 많으나"(시 119:157).

얼마나 많은 대적들이 경건한 사람을 둘러싸고 있는지 모릅니다. 이 무리들은 하루 종일 경건한 사람을 따라다닙니다. 때로는 한 사람이 천 명의 대적과 맞서기도 합니다.

때때로 대적은 힘과 부와 영향력을 가지고 있습니다. 그들 역시 활발한 활동을 합니다(시 38:19 참고). 그들은 한숨도 자지 않고 악한 일을 꾸미며, 우리를 향한 적대감을 주체하지 못합니다. 그들은 짐승같이 울부짖으며 떠듭니다(시 74:4, 83:2 참고).

그들은 매우 폭력적입니다. 또한 그들은 종종 매우 치명적입니다. 그들은 자신의 모델인 바로처럼 "내가 뒤쫓아 따라잡아 탈취물을 나누리라. 내가 그들로 말미암아 내 욕망을 채우리라. 내가 내 칼을 빼리니 내 손이 그들을 멸하리라"(출 15:9)라고 부르짖습니다.

거룩한 일과 무고한 백성들에 대한 악인의 비웃음보다 그들을 더 잘 나타내 주는 것은 없습니다.

"우리 원수들이 서로 비웃나이다"(시 80:6).

그래서 우리는 지금도 세상에서 조롱과 채찍질을 당하고

감옥에 갇히는 것입니다. 그들은 '아하, 아하' 하며 비웃기를 좋아합니다.

때때로 대적은 우리에게 철저히 달라붙어 집안에서도 더 이상 평안을 누리지 못하도록 합니다(미 7:6 참고). 그들은 눈 속의 연기와 같으며 육체의 가시와 같습니다. 그들은 거짓과 배신으로 가득합니다.

"원수의 잦은 입맞춤은 거짓에서 난 것이니라"(잠 27:6).

가룟 유다가 가장 비열한 위선적 입맞춤을 했던 최초의 사람도, 마지막 사람도 아닙니다.

어떤 사람의 적개심은 평생 지속되기도 합니다. 그것은 결코 줄어들거나 누그러지지 않습니다.

"사울이……평생에 다윗의 대적이 되니라"(삼상 18:29).

이러한 대적은 종종 다른 사람들에게 우리가 악한 사람이라고 믿도록 깊은 영향을 끼칩니다. 실제로 사울의 부하 가운데 많은 사람이 다윗을 나쁜 사람으로 믿었습니다. 그래서 다윗은 "내가 모든 대적들 때문에 욕을 당하고 내 이웃에게서는 심히 당하니 내 친구가 놀라고 길에서 보는 자가 나를 피하였나이다. 내가 잊어버린 바 됨이 죽은 자를 마음에 두지 아니함 같고 깨진 그릇과 같으니이다"(시 31:11,12)라고 고백하였던 것입니다.

경건한 사람은 때로는 이러한 핍박 때문에 큰 상처를 받기도 합니다. 다윗은 "내 눈이 근심으로 말미암아 쇠하며 내 모든 대적으로 말미암아 어두워졌나이다"(시 6:7)라고 말했습니다. 또한 예레미야애가를 보면 예레미야가 대적의 공격 때문에 얼마나 탄식하며 울었는지를 알 수 있습니다.

대적을 이기는 하나님의 능력

대적을 대하는 방법을 아는 것은 결코 사소한 지혜가 아닙니다. 하나님은 '원수의 생명 멸하기를 구하지 아니한' 솔로몬에게 큰 복을 허락하셨습니다(왕상 3:11,12; 대하 1:11,12 참고). 그러므로 우리는 원수를 사랑해야 합니다(마 5:44; 눅 6:27-35 참고). 언제나 그들을 위해 기도하며, 그들이 배고플 때 먹이고, 그들이 벗었을 때 입히며, 그들이 가난할 때 도와주어야 합니다.

하나님께서 언제나 의인의 편에 서서 악한 대적을 무찔러 주실 것입니다. 그분은 "내가 네 원수에게 원수가 되고 네 대적에게 대적이 될지라"(출 23:22)라고 약속하셨습니다. 하나님은 결코 경건한 사람을 '원수들의 뜻에 맡기지'(시 41:2) 아니하십니다.

하나님께는 모든 대적을 무찔러 멸하는 것이 매우 쉬운 일입니다. 그분은 "내가 그들의 마음을 약하게 하리니, 그들은 바람에 불린 잎사귀 소리에도 놀라 도망하기를 칼을 피하여 도망하듯 할 것이요, 쫓는 자가 없어도 엎드러질 것이라"(레 26:36)라고 말씀하셨습니다.

하나님의 백성들은 그분의 날개 그늘 아래 있을 때 모든 대적들로부터 안전해집니다. 그리고 그분이 대적과 원수를 잠잠하게 하십니다.

"주는 나의 피난처시요, 원수를 피하는 견고한 망대이심이니이다"(시 61:3).

하나님은 가장 악한 원수라도 우리와 화목하게 만드실 수 있습니다(잠 16:7 참고). 하나님은 대적을 친구로 만드실 수도 있습니다.

"내가 진실로 네 원수로 재앙과 환난의 때에 네게 간구하게 하리라"(렘 15:11).

하나님의 능력은 어떤 의지라도 다스릴 수 있으며, 어떤 마음이라도 변화시킬 수 있습니다. 그러므로 하나님의 자녀들은 옛 교회가 그러했듯이 모든 대적에게 맞서야 합니다.

"나의 대적이여, 나로 말미암아 기뻐하지 말지어다. 나는 엎드러질지라도 일어날 것이요, 어두운 데에 앉을지라도 여호와께서 나의 빛이 되실 것임이로다. 내가 여호와께 범죄하였으니 그의 진노를 당하려니와 마침내 주께서 나를 위하여 논쟁하시고 심판하시며 주께서 나를 인도하사 광명에 이르게 하시리니 내가 그의 공의를 보리로다. 나의 대적이 이것을 보고 부끄러워하리니 그는 전에 내게 말하기를, 네 하나님 여호와가 어디 있느냐 하던 자라. 그가 거리의 진흙같이 밟히리니 그것을 내가 보리로다"(미 7:8-10).

하늘의 안식처는 얼마나 아름다울까요! 그곳에는 더 이상 악인의 괴롭힘이 없고, 피곤에 지친 사람들이 안식을 얻으며, 의인들은 모든 대적들에게서 벗어나 영원한 구원을 받을 것입니다.

지금은 고인이 된 한 저술가[1]는 매우 훌륭하고도 실제적인 권면을 하였습니다.

"대적이 있습니까? 개의치 말고 계속해서 앞으로 나아가십시오. 그들이 길을 막으면 돌아서 가십시오. 그들의 방해에 굴하지 말고 주어진 사역을 담대히 감당하십시오.

대적이 없는 사람은 별로 유용하게 쓰임을 받지 못하는 경

---

1) 역자주 – 벤자민 디즈렐리(Benjamin Disraeli, 1804-1881)

우가 많습니다. 그는 모든 사람들이 가지고 있는 평범한 재료로 다듬어진 사람입니다. 자신의 힘으로 생각하고 그 생각한 바를 그대로 표현하는 순수한 사람에게는 언제나 대적이 있기 마련입니다.

그 대적들은 마치 신선한 공기처럼 그에게 필요한 존재입니다. 그들은 그를 살아 있게 만들고 행동하게 만듭니다. 언제나 대적에게 둘러싸여 지냈던 한 유명 인사는 '그들은 당신이 불지 않아도 저절로 꺼져 버릴 불꽃일 뿐이다'라고 말했습니다. 이러한 태도야말로 자신을 괴롭히는 자들의 중상모략에서 벗어나기 위해 애쓰는 사람에게 반드시 필요한 자세입니다.

만일 당신이 그들과 맞서기를 그만둔다면, 그것은 그들이 원하는 바이며, 오히려 그들에게 더 많은 비방과 독설의 길을 열어 준 것밖에 되지 않습니다. 그러나 만일 당신이 자신의 임무를 묵묵히 수행한다면, 한때 당신을 떠났던 수많은 사람들이 다시 다가와 자신의 잘못을 인정할 것입니다."

20 그리스도인의 목자
the Christian's Shepherd

"여호와는 나의 목자시니 내게 부족함이 없으리로다. 그가 나를 푸른 풀밭에 누이시며 쉴 만한 물가로 인도하시는도다"(시 23:1,2).

하나님은 나를 인도하십니다. 나는 확실히 누군가의 인도가 필요합니다. 나는 너무나 가련하고 눈이 어두우며, 연약하고 어리석습니다. 그래서 혼자 있으면 어쩔 수 없이 잘못될 수밖에 없습니다. 나는 오랫동안 유모의 도움과 부모와 선생님의 보호를 필요로 했습니다. 그리고 이러한 도움에서 벗어났을 때, 무엇보다 하나님의 도우심이 필요했습니다.

사람의 걸음을 지도함이 걷는 자에게 있는 것이 아닙니다. "그는 무서워 떠는 가운데 홀로 남게 되었습니다"라는 말보다 더 비극적인 표현은 없을 것입니다.

"주여, 나를 떠나지 마시고 버리지 마소서. 나를 중도에 홀로 두지 마소서."

그분은 나를 사랑으로 인도하십니다. 주변의 모든 것이 요동치며 혼란스러워도 그분은 마치 세상에 아무런 요동도 없는 것처럼 나를 인도하실 것입니다. 하나님께서 평안을 주실진대 누가 방해하겠습니까?

여호와는 형제보다 우애가 크고 진실하며, 아버지보다 다정하며 어머니보다 사랑이 많으며 여인의 부드러움보다 온화하십니다. 그분은 의도적으로 괴롭히지 않으며, 오직 지혜로 나를 인도하십니다.

그분에게는 결코 실수가 없습니다. 그분은 내가 가야 할 길을 알고 계십니다. 또한 나를 얼마나 부드럽게, 그리고 얼마나 혹독하게 다루어야만 최상의 결과를 얻을 수 있는지를 아십니다. 그분은 나를 철저하고도 온전히 이해하십니다. 그리고 나를 엄격하게 다루면 내가 넘어질 것이라는 사실도 알고 계십니다. 오, 그분은 나에게 긍휼과 심판을 얼마나 적절히 사용하시는지요!

그분은 때때로 나를 신비한 방식으로 인도하십니다. 나는 처음부터 모든 것의 끝을 볼 수 없으며, 멀리 있는 것도 보지 못합니다. 내가 만일 하나님의 모든 도를 온전히 이해한다면, 나는 어느 정도는 스스로 자신을 인도할 수 있다고 생각할 것입니다. 그러나 그분의 파도와 물결이 나를 덮칠 때 내가 무슨 말을 할 수 있겠습니까?

성경에 등장하는 야곱과 요셉, 청교도 목사였던 번연과 로저스Rogers는 주께서 인도하시는 길을 택하지 않았습니까? 하나님의 백성들은 얼마나 오랫동안 "주여 언제까지이니까"라고 부르짖었습니까?

그분은 바다를 밟고 섰으며, 구름과 흑암으로 둘러싸여 있습니다. 그분은 자신의 사역과 관련하여 누구와도 의논하지 않으십니다. 그분의 심판은 큰 깊음과도 같을 것입니다.

그분의 행하심에는 결코 잘못이 없습니다. 그분은 나를 의의 길로 인도하십니다. 의와 공의는 그분의 보좌의 기초입니다. 지난 모든 시간을 되돌아볼 때, 나는 참으로 "여호와여 주의 말씀대로 주의 종을 선대하셨나이다"(시 119:65)라고 고백하지 않을 수 없습니다.

그분은 언제나 나를 인도하십니다. 내가 번성할 때나 역경에 처할 때, 기쁠 때나 슬플 때, 혼자 있을 때나 다른 사람들과 함께 있을 때에도 그분은 항상 나를 인도하십니다. 그분이 나를 한 시간이라도 떠나면 나는 넘어지고 말 것입니다. 그분은 내가 잘 때에도 나를 지키시며, 내가 깰 때에도 여전히 나와 함께하십니다. 땅에서도 바다에서도 하나님의 전능하신 능력이 나를 지키십니다.

그분은 나를 인도하시며, 나는 그분을 의지합니다. 그분은 내가 온전히 의지하기에 합당하신 분입니다. 내가 그분을 전적으로 신뢰하지 않고 머뭇거리는 것은 나의 죄와 어리석음 때문입니다. 나는 최선을 다할 것입니다.

"하나님이여, 당신의 날개 그늘 아래에서 쉴 곳을 찾았던 그들의 유업을 저에게도 주시기를 원합니다. 당신은 나의 방패, 나의 피난처, 나의 반석, 나의 하나님, 나의 구원이십니다."

그분은 나를 인도하시며, 나는 그분을 따를 것입니다. 나는 그분의 손을 잡고 그분이 이끄시는 대로 따라갈 것입니다. 지금까지 그분은 한 번도 나를 이유 없이 고난당하게 하시지 않았습니다. 언제나 고난의 목적이 성취되면 어떤 형태로든 구원이 임하였습니다.

나는 그분의 발걸음을 따라 오직 앞을 향해 나아갈 것입니다. 주님은 그 교훈으로 나를 인도하시고 나중에는 영광으로 나를 영접하실 것입니다. 슬픔과 고통 뒤에 영광이 따른다면, 나는 더 이상 아무 말도 하지 않겠습니다.

"눈물의 길, 오직 그 길만이 눈물 없는 땅으로 인도하리라."

나는 그분이 자신의 뜻대로 하는 것에 만족해야 합니다. 나의 의지는 벌레와 같이 어리석은 죄인의 의지입니다.

"오, 하나님, 내 뜻대로 마옵시고 오직 당신의 뜻대로 하옵소서."

나는 마지막에 영생을 얻어 하나님의 품에서 영원한 안식을 누릴 수만 있다면, 어떤 일이 닥친다고 해도 두렵지 않습니다.

"오, 주여, 전적으로 나를 인도하옵소서. 나의 오른팔과 왼팔이 되시고 나의 낮과 밤이 되옵소서. 성령으로 나를 강하게 하옵소서."

21 그리스도인의 대언자
the Christian's Advocate

변호사가 필요한 사람은 누구입니까? 피고인입니다. 그렇다면 우리가 피고인입니까? 그렇습니다. 우리는 당연히 많은 죄의 혐의를 받고 고소당한 자입니다. 죄는 우리를 멸망시켰습니다. 우리는 철저히 죄에 물들어 있습니다. 그리고 그것 때문에 우리는 하나님과 천사와 사람 앞에서 큰 치욕과 망신을 당하였습니다.

우리의 양심이 우리를 기소하고 우리의 유죄를 입증하였습니다. 우리는 수많은 죄 가운데 어느 한 가지에 대해서도 변명할 수 없습니다. 하늘 법정에서 우리의 이름은 아무런 가치가 없습니다. 하나님께서는 자신의 긍휼이나 구원이 결코 우리의 공로나 자격 때문이 아니라는 것을 우리에게 종종 상기

시키십시오. 우리가 소멸되지 않은 것은 전적으로 하나님의 긍휼하심 때문입니다.

이러한 범법자에게 변호인이 있습니까? 네, 있습니다. 그렇다면 그도 우리와 동일한 죄인입니까? 아닙니다. 사람은 자기 자신도 변호하지 못합니다. 그렇다면 그는 거룩한 천사입니까? 아닙니다. 만일 천사가 우리의 모든 죄에 대해 자세히 듣는다면, 그는 배은망덕하고도 비열한 우리의 행위에 혐오감을 느낀 나머지 다 팽개치고 말 것입니다.

우리의 변호인은 예수 그리스도입니다. 그분은 우리의 사건을 성부 앞에서 간절히 탄원하실 것입니다. 우리에게는 변호인이 있습니다. 그러한 그리스도를 우리의 대언자로 보내주신 하나님께 감사드립니다.

우리의 대언자는 상처받은 재판관에게 자신의 손을 얹을 수 있습니다. 이것은 결코 하나님과 동등한 위치에 서려는 잘못이 아닙니다. 성부께서는 그리스도를 기뻐하십니다. '그 안에는 신성의 모든 충만이 육체로 거하'(골 2:9)십니다. 하늘의 천군천사도 그분을 경배합니다.

성부 하나님은 그에게 모든 심판과 권위를 위임하셨으며, 우리는 이 아들을 성부 하나님을 경배하듯이 경배해야 합니다. 하나님은 그에게 '모든 이름 위에 뛰어난 이름'(빌 2:9)을 주셨습니다. 그분에게는 능력과 은혜와 진리가 충만합니다. 그와 같은 분은 결코 없습니다. 그분은 '만물 위에 계셔서 세세에 찬양을 받으실 하나님'(롬 9:5)이십니다.

한편으로 그리스도는 인성을 입으셨습니다. 그분은 한때 갓난아기였고 의지할 곳 없는 떠돌이였으며, 홀로 사탄의 시험을 받으셨습니다. 그분은 뼈 중의 뼈요 살 중의 살이십니다. 그분은 형제의 마음을 가지셨습니다. 그분은 죄가 없으신 분이지만 겪으실 수 있는 모든 종류의 슬픔을 당하셨습니다.

또한 그분은 누구보다 눈물의 사람이었습니다. 그분은 울었습니다. 그분은 피를 흘렸습니다. 그분은 주리고 목말랐습니다. 그리고 십자가에서 돌아가셨습니다. 그분은 하나님의 진노를 당하셨습니다.

그러나 그분에게 죄는 없었습니다. 그분은 결코 죄를 알지 못하였습니다. 그분은 거룩하고 악이 없으며, 죄로 오염되지도 않았고, 죄인들과 구별되셨습니다. 빌라도는 그분에게서 죄를 찾지 못하였습니다. 불의한 자들도 그분에게서 어떠한 결점도 찾지 못하였습니다. 모든 것을 아시는 하나님도 그를 죄 없다고 선언하셨습니다.

그러므로 우리는 그분을 즐거워해야 합니다. 우리가 죄를 범하면, 의로우신 예수 그리스도께서 하나님 앞에서 우리의 대언자가 되십니다. 우리의 소망은 결코 우리에게 있는 것이 아니라 오직 그리스도의 합당하심과 그분의 공로에 기인합니다. 그분은 실로 '여호와 우리의 공의the Lord our righteousness'(렘 23:6)가 되십니다. 이것이 바로 그분의 이름입니다.

그분은 죄인의 신실하신 친구입니다. 하나님은 시험과 고난을 통해 그가 우리의 신실한 대언자로 합당함을 보았습니다. 많은 참회자들은 그분을 경험한 후에 그분이 은혜로우신 분임을 알았습니다.

그분이 맡은 사건은 결코 실패하지 않습니다. 그분에게는 능히 우리를 구원하실 힘이 있습니다. 그분의 변호는 결코 실패하지 않습니다. 성부께서는 언제나 그에게 귀를 기울이고 계십니다. 영광 중에 거하는 모든 구속받은 성도는 그분의 중보의 효력을 높이 찬양합니다.

모든 절차는 정당하게 이루어졌습니다. 그분은 우리를 위하여 자신을 버리사 향기로운 제물과 희생 제물로 하나님께 드리셨습니다. 그분은 자기 영혼을 버려 사망에 이르게 하셨습니다. 하나님은 그의 영혼을 대속의 제물로 삼으셨습니다.

그분은 은이나 금이 아니라 자신의 가장 보배로운 피로써 우리를 구속하셨습니다. 그분께서 지불하신 속전은 값으로 측량할 수 없으며, 그 효력은 무한합니다.

"어린양 보배로운 피 그 능력 한없다.
영원한 보혈의 능력 모든 죄 이기네.
속함을 얻은 백성은 영생을 얻겠네.
샘 솟듯 하는 피 권세 한없이 있도다."

갈보리에서 우리를 위해 못 박히신 영광의 손은 하늘의 영원한 영광의 보좌 앞에서 우리를 높이 드신 손입니다.

우리는 그분께서 어떻게 우리를 변호하시는지에 대해서는 잘 모릅니다. 다만 매우 영광스러우며 위엄과 능력이 있을 것이라고 믿습니다. 그분께서 우리를 위해 나타나시는 것, 그것으로 충분합니다.

필립 도드리지Philip Doddridge는, 그리스도께서 택한 사람들을 성부께로 인도하실 것이며, 그들은 비록 죽어 마땅한 자들이지만 그리스도 자신이 그들을 위해 대신 죽었노라고 대변할 것이라고 말합니다.

우리는 그리스도의 변호에 대해 조금도 의심해서는 안 됩니다. 이것은 요한복음 17장에 기록된 그분의 위대한 중보 기도에도 자세히 나와 있습니다.

그렇다면 어떤 연약한 사람도 확실한 소망의 근거를 바랄 수 있습니까? 그 사람은 자기를 위해 간구하시는 그리스도의 대언의 기도에 소망을 두어야 할 것입니다.

"시몬아, 시몬아, 보라 사탄이 너희를 밀 까부르듯 하려고 요구하였으나, 그러나 내가 너를 위하여 네 믿음이 떨어지지 않기를 기도하였노니"(눅 22:31,32).

이 기도는 그대로 이루어졌습니다. 베드로의 믿음이 그로 하여금 다시 생각나게 하고 심히 통곡하게 하였던 것입니다 (눅 22:61,62 참고).

그리스도의 변호를 우리 자신에게 적용하기 위해서는 먼저 우리의 형편을 알아야 합니다. 그리고 자신을 조금도 숨기지 말고 모두 드러내어야 합니다. 그분에게 모든 것을 털어놓고 모든 문제를 위임합시다. 그분이 우리를 지켜 주시면 조금도 잃어버리지 않습니다. 그분께서 의롭다하신 자를 정죄할 자는 아무도 없습니다.

우리의 죄가 아무리 무겁다고 할지라도 결코 그분의 은혜구하기를 주저할 필요가 없습니다. 그분은 죄인의 괴수라도 죄가 가장 작은 자와 마찬가지로 쉽게 구원하실 수 있습니다. 또한 그분은 그로 말미암아 하나님께로 나아오는 사람들을 끝까지 구원하실 수 있습니다.

독자들이여, 여러분은 자신의 형편이 매우 좋지 않다고 생각할지도 모릅니다. 그러나 여러분은 죄인의 괴수보다 악하지는 않습니다. 여러분이 최악의 상태에 있을 수도 있습니다. 그러나 최악의 상태 그 이상은 아닙니다.

그리스도의 긍휼을 바라보십시오. 그분을 의지하십시오. 그분의 전능하신 팔에 기대십시오. 그리하여 그분을 여러분의 대언자로 삼으십시오.

22 그리스도인의 보증
the Christian's Earnest

영감을 받은 저자들은 자신의 사상을 다른 사람에게 전달하기 위해 모든 노력을 아끼지 않습니다. 그들은 자신의 저술에 도움이 될 만한 내용은 하나도 놓치지 않고 붙듭니다. 그들은 자신이 받은 영감을 전개하거나 설명하는 데 필요하다면, 묵은 땅을 가는 것, 씨를 뿌리고 거두는 것, 집을 세우는 것과 여행에 관한 내용 등 모든 소재를 다룹니다.

'알지 못하는 신에게'라고 쓴 비문을 본 바울은 그 자리에서 즉시 사람들에게 그 신이 바로 하나님임을 증거했습니다 (행 17:23 참고).

때때로 그들은 사고파는 것과 관련된 다양한 용어나 용례를 소재로 삼기도 했습니다. 그러한 소재의 용례나 개념이 이교적이냐 유대적이냐를 따지지 않았기 때문에 그것들이 시의 적절한 소재가 될 수 있었습니다.

바울은 종종 경주나 씨름이나 싸움이라는 개념을 사용하였습니다. 또한 페니키아인의 상거래에 회자되던 '아라본arrabon·보증'이라는 단어를 사용하여 중요한 진리를 전달하기도 했습니다.

보증 - 아라본

당시 이 용어는 아직 일어나지 않은 것에 대한 증표로서, 그것을 담보하는 보증금이라는 뜻으로 사용되고 있었습니다. 이 단어는 신약성경에 기록된 바울의 글에서 세 번 등장합니다.

"우리를 너희와 함께 그리스도 안에서 굳건하게 하시고 우리에게 기름을 부으신 이는 하나님이시니, 그가 또한 우리에게 인치시고 '보증'으로 우리 마음에 성령을 주셨느니라"(고후 1:21,22).

"곧 이것을 우리에게 이루게 하시고 '보증'으로 성령을 우리에게 주신 이는 하나님이시니라"(고후 5:5).

"그 안에서 너희도 진리의 말씀 곧 너희의 구원의 복음을 듣고 그 안에서 또한 믿어 약속의 성령으로 인치심을 받았으니, 이는 우리 기업의 '보증'이 되사 그 얻으신 것을 속량하시고 그의 영광을 찬송하게 하려 하심이라"(엡 1:13,14).

하나님은 여러 가지 방법으로 자기 백성들을 위로하십니다. 때로는 자신의 언약의 상징이자 보증인 성례를 통하여 위로하시며, 때로는 약속과 맹세를 통하여 위로하십니다. 그리하여 성도는 하나님께서 주시는 변치 않는 약속과 맹세로 인하여 큰 격려를 받습니다.

때때로 하나님은 "주께서 나를 기뻐하시는 줄을 내가 알았나이다"(시 41:11)라는 말씀과 같이 신적 보호하심의 가시적 증거나 선한 표징으로 위로를 주시며, 때로는 보증으로 우리를 위로하십니다.

그렇다면 보증이 무엇입니까? 브라운Brown은 "보증이란, 때가 되면 더 많은 것이 주어질 것이라는 약속에 대한 확신을 주기 위해 손에 쥐어 주는 것이다. 이것은 담보와는 다르다. 보증은 완전한 지불이 이루어진 후에 다시 돌려받지 않는 것이다"라고 말했습니다.

버릴Burrill은 "보증은 재산이나 물건을 위해 지불될 금액의 일부분, 혹은 흥정이 종료되었거나 계약이 체결되었다는 표시로 주어지는 돈으로서 종종 '보증금'이라고 불렸다"라고 말했습니다. 페니키아 상인들도 아라본보증이라는 단어를 맨 처음에, 또는 가장 많이 이러한 의미로 사용했습니다. 그리고 이러한 보증의 진지함이나 구속력을 가볍게 여긴 사람은 좋은 평판을 얻지 못했습니다.

그리스도인의 보증이신 성령님

하나님께서 자신의 백성에게 주시는 보증은 성령님입니다. 그분은 보혜사이자 거룩하게 하는 분이며, 구원받은 백성을 인도하시는 분이십니다. 복되신 성령을 통해 우리에게 주어지는 양심의 평안은 내세의 생명과 평안에 대한 확실한 전조가 됩니다.

성령의 열매들을 가지고 계신 분은 바로 성령님이십니다. 성령이 거하는 자는 하나님의 성전이요 구별되고도 거룩하게 된 자이며, 전능자에게 속한 사람입니다. 그는 하나님의 백성이며, 어둠이 아니라 빛입니다. 그의 마음은 인간의 성품을 고귀하게 만드는 핵심 처소입니다.

다윗이 하나님의 명령에 따라 처음 기름 부음을 받은 것은 그가 이스라엘을 다스릴 것이라는 확실한 선언이었습니다. 이와 마찬가지로 그리스도인이 성령으로 기름 부음을 받은 것은 장차 그에게 임할 위대하고도 영원한 복을 보여 줍니다.

또한 우리 마음에 임한 성령의 은혜는 때가 되면 성도가 영광스러운 안식을 누리게 될 것이라는 사실을 분명하게 보여 줍니다.

신자의 모든 권리는 그리스도의 의에서 비롯됩니다. 신자의 믿음이 구세주의 공로를 자기 것으로 만듭니다. 이러한 믿음은 성령의 열매이며 하나님의 선물입니다. 그러하기에 이것은 죄의 포로가 된 자나 쓰라린 고통 가운데 있는 자에게는 주어지지 않습니다.

믿음으로 사는 사람은 성령의 다른 모든 은사들, 즉 '사랑과 희락과 화평과 오래 참음과 자비와 양선과 충성과 온유와 절제'(갈 5:22,23)도 가집니다. 영적인 거듭남에는 악한 것들이 있을 수 없습니다. 소망이 없는 두려움이나 경건한 두려움이 없는 소망은 결코 바람직하지 않습니다. 경외함이 없는 확신이나 겸손이 없는 즐거움은 위로부터 난 사람의 전형적인 모습이 아닙니다.

이와 같이 신자는 점점 아름다운 성품의 균형을 형성해 나갑니다. 이러한 하나님의 백성은 하나님께 영광이 됩니다. 그들은 자기를 구원하신 하나님의 교훈을 귀하게 여깁니다. 그리고 이 악한 세상에서 그분의 증인으로 살아갑니다.

그들은 경건한 삶을 통해 신의 성품을 갖추어 갑니다. 또한 그들은 자신이 믿는 분에 대해 압니다. 그리고 하나님도 그들을 아시며, 사람들도 그들이 예수님과 함께 있다는 사실을 압니다. 때가 되면 하나님의 은혜로 말미암아 그분의 의가 영원한 확신과 평안으로 효력을 드러낼 것입니다.

그들은 선한 일을 좇는 자들이기 때문에 아무도 자신을 해치지 못하리라는 것을 알고 있습니다. 그들은 진리의 사람들이며, 따라서 언제나 하나님 앞에서 그 마음을 굳게 정할 것입니다.

이러한 영광에 들어가게 된 것은 실로 기적입니다. 그러나 그들에게는 그것을 기대할 권리가 있습니다. 예복을 입었기 때문에 혼인 잔치에 참여할 수 있는 것입니다. 그들은 이 땅에서 하나님과 동행하였습니다. 그러므로 영광 가운데서도 그분과 동행하게 되는 것입니다.

23 그리스도인의 기쁨
the Christian's Joy

성경이 악인에게 슬피 울 것을 요구하는 것만큼이나 의인에게 자주, 그리고 간곡히 요구하는 것은 바로 기뻐하라는 것입니다. "여호와를 의지하는 자는 모두 기뻐하라."

"시온 산은 기뻐하고 유다의 딸들은 즐거워할지어다"(시 48:11).

"의인은 기뻐하여 하나님 앞에서 뛰놀며 기뻐하고 즐거워할지어다"(시 68:3).

"항상 기뻐하라"(빌 4:4).

신구약 성경에는 이와 같은 말씀이 얼마나 많은지요!

기쁨의 원천이 되시는 하나님

의인의 기쁨은 결코 헛되거나 공허하지 않습니다. 그에게는 항상 기쁨이 가득해야 할 충분한 이유가 있습니다. 여호와께서 겸손한 사람들에게 끊이지 않는 기쁨의 원천이 되시기 때문입니다. 그래서 시편 기자는 하나님을 '나의 큰 기쁨'(시 43:4)이라고 불렀습니다.

지금껏 인간의 마음이 둘러보았던 심연 중에 가장 어두운 것은 무신론의 심연입니다. 태양이 없는 세상은 단지 어둡고 음침할 뿐이겠지만, 하나님이 없는 세상은 참으로 캄캄하고도 끔찍한 세상이 될 것입니다.

경건한 사람이 하나님의 임재와 그분의 모든 온전하심 가운데서 큰 기쁨을 누리는 것은 당연한 일입니다. 거룩한 사람들이 있는 곳에는 어디에나 "할렐루야! 주 우리 하나님 곧 전능하신 이가 통치하시도다"(계 19:6)라는 찬양의 고백이 있습니다.

하나님의 구원은 하늘과 땅의 성도들에게 임하는 영원한 기쁨의 이유입니다. 구원에 관한 계획과 구원의 주관자, 그분의 희생, 구원의 본질과 결과는 모두 우리의 영혼을 경건한 신비와 말할 수 없는 영광의 기쁨으로 가득 채웁니다.

또한 경건한 사람은 모든 선한 일과 풍성한 일반 섭리를 보면서 기뻐합니다. 그들은 주변의 모든 것이 사랑으로 임한다고 믿습니다. 뿐만 아니라 그들은 환난 가운데서도 기뻐하니다. 순교자들은 자신을 태우는 불꽃 안에서도 기쁨으로 생을 마감하였으며, 목숨이 붙어 있는 순간까지 임마누엘의 하나님을 찬양하였습니다.

하나님을 경외하는 마음, 즉 거룩한 경계와 경건한 두려움은 기쁨을 줄이는 것이 아니라 더욱 영원하고도 충만하게 합니다. "그런즉 선 줄로 생각하는 자는 넘어질까 조심하라"(고전 10:12)라는 말씀은 긍정적인 경고이지 경건한 사람을 낙심시키기 위한 것이 절대 아닙니다. 경건한 두려움은 경건한 기쁨과 밀접한 관계가 있습니다.

하박국 선지자는 하나님의 영광스러운 임재 앞에서 전율하였습니다. '입술이 떨리고 썩이는 것이 뼈 안으로 들어오며 창자가 흔들리는'(합 3:16 참고) 그때에 그의 입에서 기쁨의 환호가 터져 나왔던 것입니다.

"비록 무화과나무가 무성하지 못하며 포도나무에 열매가 없으며 감람나무에 소출이 없으며 밭에 먹을 것이 없으며 우리에 양이 없으며 외양간에 소가 없을지라도 나는 여호와로 말미암아 즐거워하며 나의 구원의 하나님으로 말미암아 기뻐하리로다"(합 3:17,18).

그러므로 우리는 우리의 기쁨이 이러한 경건한 두려움을 통해 역사하며 더욱 온전하게 되는 것을 압니다. 성도는 '여호와를 경외함으로 섬기고 떨며 즐거워'(시 2:11)해야 합니다.

그리스도를 영접한 사람으로서의 기쁨

그리스도인은 맨 처음 마음에 천국이 임했을 때 큰 기쁨을 누립니다. 그리스도를 영접한 날보다 더 중요한 날은 없습니다. 왜 그날이 특별합니까?

불쌍한 우리 영혼은 자신의 귀한 재능을 무지와 죄와 타락과 불행의 사슬에 내어 주고 오랫동안 마귀에게 붙들려 있었습니다. 그런데 그리스도를 영접한 바로 그날 그 지긋지긋한 주인을 벗어나 비로소 하나님의 아들 안에서 영광스러운 자유를 경험하게 되기 때문입니다.

"아들이 너희를 자유롭게 하면 너희가 참으로 자유로우리라"(요 8:36).

우리의 영혼은 순례의 길을 가다가 하나님과 그리스도의 신비하고도 영광스러운 임재를 경험하기도 합니다. 우리가 비록 변화산에 올라가지는 못하더라도 적어도 말씀의 동산에 올라 골수와 기름진 것으로 만족을 얻을 것입니다. 그것은 마치 아미나답의 수레[1]와 같을 것입니다.

우리는 아름다운 천국의 교제를 나눌 것입니다. 이러한 교제는 성부 하나님과의 교제이며, 그분의 아들이신 예수 그리스도와의 교제입니다.

존 오웬John Owen은 그리스도의 영광에 관한 자신의 훌륭한 저서[2] 끝 부분에서 영적 타락을 회복하고 새롭게 샘솟는 은혜의 힘을 얻기 위한 방법과 수단에 대한 내용을 다룹니다. 그는 다음과 같이 말합니다.

"복음에 대한 신앙고백을 하고 영원한 나라로 향하는 사람들이 진정으로 간절히 기다리는 것이 두 가지가 있습니다. 하나는 영적 타락에서 벗어나고 단절된 상태를 회복하며 모든 잘못을 치유받는 것입니다. 또 한 가지는 새로운 영적 생명의 힘을 공급받아 풍성한 하나님의 은총을 받아 누리며, 풍성한 열매를 맺는 거룩한 삶과 복음의 영광을 위한 삶을 통해 하나님께 영광을 돌림으로써 충만한 기쁨과 평안을 누리는 것입니다. 참으로 성도는 온 세상과 거기에 속한 모든 것보다 이 두 가지를 더욱 귀하게 여깁니다."

하나님께서는 이러한 사람들의 소원을 기쁜 마음으로 이루어 주십니다. 하나님께서 그렇게 하겠다고 약속하셨습니다.

---

1) 역자주 – 개역개정 성경에는 '백성의 수레'(아 6:12)로 번역되어 있습니다.
2) 역자주 – 『그리스도의 영광』(*The glory of Christ*, 지평서원 간)

그분께서 하신 말씀을 들어 보십시오.

"너희가 노년에 이르기까지 내가 그리하겠고 백발이 되기까지 내가 너희를 품을 것이라. 내가 지었은즉 내가 업을 것이요 내가 품고 구하여 내리라"(사 46:4).

"그는 늙어도 여전히 결실하며 진액이 풍족하고 빛이 청청하니"(시 92:14).

그리스도인의 힘이 되는 여호와의 기쁨

신실하신 하나님은 나이 많은 종들에게 넘치는 평안과 기쁨을 주십니다. 저는 일생 동안 그런 경우를 많이 보았습니다. 지난해에도 그런 분을 몇 분 만났습니다.

그들은 저에게 "나는 단지 기다리고 있을 뿐입니다. 나에게는 아무런 두려움도 없으며, 오직 여호와의 기쁨으로 힘을 얻습니다. 나의 마음은 이미 보물이 있는 그곳, 천국에 있습니다"라고 말했습니다. 그들은 참으로 복된 자들이었습니다. 그들의 기쁨은 그들이 당하고 있는 시련과 슬픔을 훨씬 초월하는 것이었습니다.

푸름이 가득한 초여름의 과수원은 멋진 풍경을 선사합니다. 그러나 풍성한 결실로 가득한 가을의 과수원은 더욱 아름답습니다. 사실 마지막이 실제이며 처음은 약속일 뿐입니다. 파종의 목적은 수확입니다. 경건한 삶의 마지막은 성령 안에서의 위로와 평안입니다.

그리스도인에게 확실하고도 풍성한 기쁨이 없다고 말하는 사람은 풍성한 생명력으로 가득한 경건함을 맛보지 못한 사람입니다. 여호와의 기쁨이 그리스도인의 힘입니다.

24 그리스도인의 슬픔 I
the Christian's Sorrow

"**하**나님은 죄 없는 아들 한 분을 세상에 보내셨지만, 고난 없는 아들은 한 명도 보내지 않으셨다."

이것은 어거스틴이 한 유명한 말 가운데 하나로 오랫동안 전해지고 있습니다. 그의 말은 사실이며 성경과도 일맥상통합니다. 이 말은 "의인은 고난이 많으나"(시 34:19)라는 선지자 다윗의 말을 통해 입증되었습니다.

그리스도인의 고난

바울은 "주께서 그 사랑하시는 자를 징계하시고 그가 받아들이시는 아들마다 채찍질하심이라 하였으니"(히 12:6)라고 말했습니다. 예수님은 승천하신 지 육십 년이 지난 후에 "무릇 내가 사랑하는 자를 책망하여 징계하노니"(계 3:19)라고 말씀하셨습니다.

이것은 참으로 합당한 말씀이 아닐 수 없습니다. 구주께서 고난을 당하셨다면 우리도 고난당하는 것이 마땅합니다. 고난당하신 주를 본받는 것은 중요한 일입니다.

"참으면 또한 함께 왕 노릇 할 것이요"(딤후 2:12).

"나는 이제 너희를 위하여 받는 괴로움을 기뻐하고 그리스도의 남은 고난을 그의 몸된 교회를 위하여 내 육체에 채우노라"(골 1:24).

그리스도는 고난을 통하여 우리 구원의 주와 우리를 동정하시는 친구가 되셨습니다. 그리고 우리의 고난은 우리로 하여금 주님의 고난을 기억하고 우리를 위해 당하신 그분의 모든 아픔에 동참하게 합니다.

하나님의 자녀가 이 땅에서 당하는 모든 고난에는 '합당한 이유'가 있습니다. 그들의 고난은 그들을 더욱 순결하게 만듭니다. 하나님은 그들을 풀무에 던져 찌꺼기를 제거하고 모든 죄의 때를 벗겨 내어 정금으로 나오게 합니다.

"주께서 인생으로 고생하게 하시며 근심하게 하심은 본심이 아니시로다"(애 3:33).

하나님은 택한 백성들이 고난당하는 것을 기뻐하지 않으시지만, 그분의 형상이 그들의 마음속에 형성되어 가는 것을 기뻐하십니다. 그분은 그들의 유익을 위해 징계하시며, 그렇게 하심으로써 그분의 거룩에 참여하게 하시는 것입니다.

그분은 지혜롭고도 선한 아버지이십니다. 또한 그분은 우리에게 복 주기를 기뻐하는 하나님이십니다.

이 땅에 있는 그분의 백성들은 모두 어느 정도 방황하는 삶을 살고 있습니다. 그래서 그분은 그들이 자신에게 순종하고 고난 가운데서도 기뻐하게 되기까지 그들에 대한 징계를 멈추지 않으실 것입니다. 그렇게 하심으로써 하나님은 더욱 영광을 받으시고, 그들의 구원은 더욱 견고해질 것입니다.

장차 올 영광은 그리스도의 사람들이 이 땅에서 그분을 위해 얼마나 고난을 당하느냐에 비례할 것입니다. 순교자의 면류관은 찬란하게 빛날 것입니다. 요한이 본 영광의 무리는 큰 환난으로부터 나온 자들로서 자기들의 옷을 어린양의 피로 씻어 희게 한 사람들입니다. 고난 후의 안식, 전쟁 후의 평화, 길고 위험한 여정 후에 돌아온 안락한 가정이 얼마나 아름답겠습니까?

고난을 일 년도 당해 보지 않은 전문 사역자보다는 5년간 고난을 당한 사람이 그리스도의 영광을 위해 더 많은 사역을 감당하기 마련입니다.

N. D.의 사례

N. D.는 키가 작고 말이 어눌한 사람이었습니다. 그는 유명한 사람이 아니었습니다. 그는 매우 외진 곳에서 살았습니다. 그에게는 재산이 거의 없었습니다. 그러나 아무도 그를 궁색하다고 비난하지 않았습니다. 그가 자신에게 있는 것을 아낌없이 나눠 주는 인정 많은 삶을 살았기 때문입니다.

또한 그는 하나님의 말씀을 연구하는 탁월한 학생이었습니다. 그는 사람들에게서 불의한 것들을 보면 결코 침묵하지 않았습니다. 그는 성전에 가는 시간을 정확히 지켰고, 가정 예배를 철저히 시행하였습니다. 아무도 그에게서 도덕적 결함을 발견할 수 없었습니다.

그러나 그는 어떤 일에도 자신의 생각을 잘 표현하지 못했습니다. 그의 태도는 언제나 딱딱하고 어색하였습니다.

그런데 25년 동안 종교학 교수로 섬기던 그에게 큰 고난이 닥쳐왔습니다. 그는 특이한 합병증에 시달렸습니다. 이 병은 다른 사람에게서는 볼 수 없는 희귀병이었습니다. 불면증이 찾아오면 6주 동안이나 잠을 이루지 못하였습니다. 그는 끊임

없는 고통 가운데 지냈습니다. 그를 곁에서 지켜보는 사람들도 함께 아파했습니다.

그는 급속히 시들어 갔습니다. 그는 걸을 수도 없었으며 침대에서 혼자 돌아눕지도 못했습니다. 그러나 이러한 극심한 고통 가운데서도 그의 경건은 더욱 빛을 발하였습니다.

그의 입에서는 단 한 마디의 불평도 흘러나오지 않았습니다. 그는 결코 조급해하지도 않았습니다. 오히려 놀라운 온유함과 부드러움으로 언제나 하나님과 사람에게 감사했습니다. 그리고 자신에게 베푼 작은 은혜에 대해서도 깊은 감사의 말을 전했습니다.

그는 결코 최근에 회심하였노라고 고백하지 않았습니다. 오히려 그는 여전히 오래전에 경험하였던 마음의 변화를 구원의 역사로 믿었습니다. 그러나 이 고난 이후에도 그의 모든 성격이 변화된 것 같았습니다.

자신을 잘 표현하지 못했던 그는 이제 혼자 있을 때나 함께 예배드릴 때 어린 시절의 아름다운 추억을 즐겁게 이야기했습니다. 그는 상당한 분량의 성경 말씀을 정확히 기억하고 인용하였습니다. 그것은 여러 면에서 기적이었으며, 무엇보다도 자신에게 기적이었습니다. 그는 언제나 자신의 생각을 솔직하게 표현하였으며, 그럴 때마다 온유함과 겸손함을 잃지 않았습니다.

이 일은 널리 알려졌습니다. 많은 그리스도인들이 그를 만나기 위해 먼 길을 찾아왔습니다. 모든 사람들의 마음은, 마치 불붙은 떨기나무가 타지 않는 광경을 본 모세가 "내가 돌이켜 가서 이 큰 광경을 보리라"(출 3:3)라고 말했을 때의 심정과 같았습니다. 실제로 사람들은 그를 통해 극심한 육체적 고통을 당했던 한 사람 위에, 그리고 그를 바라보는 사람들 위에 얼마나 큰 은혜가 임하는지를 볼 수 있었습니다.

그는 이처럼 격렬한 고통 후에도 수년을 더 살았지만, 가끔씩 찾아오는 통증과 함께 여전히 가망 없는 환자로 여생을 보내야 했습니다. 그러나 그의 신앙은 더욱 성숙해져 갔고, 그의 마지막은 평화로웠습니다.

이 이야기는 우리에게 다음과 같은 교훈을 줍니다.

말투나 태도만으로 사람을 판단해서는 안 됩니다. 경건한 사람 가운데 예의가 없는 사람도 있습니다. 아주 경건한 사람 가운데 사람을 대하는 태도나 매너가 매우 좋지 못한 사람도 있습니다. 물론 우리는 다른 사람들에게 기쁘고 사랑스럽고 선한 방식으로 우리의 종교를 전하도록 노력해야 합니다. 경건은 결코 예의나 문명과 상반되는 것이 아니기 때문입니다.

고난을 통해 새로운 은혜를 공급받기 전에는 아무도 자신이 무엇을 할 수 있으며 어떤 일을 성취할 수 있는지를 모릅니다. 그러하기에 N. D.는 자신을 긍휼의 기적으로 여겼습니다.

형제를 판단해서는 안 됩니다. "약한 형제가 세움을 받을 것입니다. 이는 하나님이 그를 세우실 것이기 때문입니다." 가장 겸손한 사람이 고난과 시련에 맞설 준비가 가장 잘 되어 있는 사람입니다. 그러므로 그리스도의 제자 가운데 가장 약한 사람, 성도 가운데 가장 연약한 사람을 무시하는 것은 큰 실수를 저지르는 것입니다.

N. D.나 이 세상을 떠난 다른 경건한 사람들은 이 땅에서 겪은 고난에 대해 결코 후회하지 않을 것입니다. 끝이 좋으면 모든 것이 좋다는 말처럼, 영광으로 끝났으므로 그 모든 과정이 합력하여 선을 이룬 것입니다.

천성적으로 매력적이지도, 사랑스럽지도 않은 사람을 택하여 구속의 자비를 베푸시는 하나님의 특별한 사랑은 참으로 놀랍습니다.

"천지의 주재이신 아버지여, 이것을 지혜롭고 슬기 있는 자들에게는 숨기시고 어린아이들에게는 나타내심을 감사하나이다. 옳소이다,

이렇게 된 것이 아버지의 뜻이니이다"(마 11:25,26).

'지친 종의 노래'

다음은 최근 여러 잡지에 기고된 바 있는 '지친 종의 노래 Song of a Tired Servant'라는 글입니다.

"예수를 위한 삶이 하루씩 늘 때마다
나를 위한 삶은 하루 더 줄어듭니다.
그러나 천국은 더욱 가까워지고
나의 그리스도는 더욱 귀해집니다.
오늘 밤 그의 사랑과 빛은
어제보다 더욱 나의 영혼을 가득 채웁니다.

예수를 위한 삶이 하루씩 늘 때마다
나의 왕은 더 큰 영광을 받습니다.
그의 아름다움을 전하는 일은
큰 즐거움이지 결코 의무가 아닙니다.
나를 구원하신 그리스도를 생각만 해도
나의 영혼은 날개를 답니다.

예수를 위한 삶이 하루씩 늘 때마다
나의 사역은 점점 가벼워집니다.
나는 그리스도의 양 떼가 모이는
그곳의 영광을 보여 주며 전했습니다.
그것은 나의 연약한 마음을
얼마나 환하게 비추어 주었는지 모릅니다.

예수를 위한 삶이 하루씩 늘 때마다
믿고 소망하며 기도하는 가운데
절망으로 죽어 가는 영혼을 위해
떡을 떼며 그의 말씀을 전하였습니다.
그리고 나를 구원하신
예수 그리스도의 품으로 피하라고 권했습니다.

예수를 위한 삶이 하루씩 늘 때마다
비록 지치고 피곤한 하루였으나
이 모든 여정에 천국은 더욱 밝게 빛나고
안식은 더욱 가까워졌습니다.
실로 그리스도는 나의 전부이며

나는 그 앞에 무릎 꿇고 경배합니다.

복되도다, 예수를 위한 삶이여!
그의 발 앞에서 안식을 얻을지어다!
고난은 즐겁고 가난은 곧 보화이며
주께서 더욱 아름답게 보시오니
주여, 나에게 또 한 날을 주시어서
더욱더 당신을 섬기게 하옵소서."

25 그리스도인의 슬픔 II
the Christian's Sorrow—more about it

슬퍼하는 것은 죄가 아닙니다. 오히려 그것은 참으로 감사한 일입니다. 예수님도 우셨습니다. 때때로 눈물은 하나님의 백성들이 밤낮 먹고 마실 음식이 되었습니다. 슬픔은 사람에게 자연스러운 것입니다. 때로는 그것이 죄가 될 수도 있지만, 반드시 악한 것은 아닙니다.

근심에 대한 겸손한 순종

사실 슬픔은 때때로 복이 되기도 하고 기쁨보다 더 큰 유익을 주기도 합니다. 전도자는 "슬픔이 웃음보다 나음은 얼굴에 근심하는 것이 마음에 유익하기 때문이니라. 지혜자의 마음은 초상집에 있으되 우매한 자의 마음은 혼인집에 있느니라"

(전 7:3,4)라고 말했습니다.

근심과 슬픔의 날은 악인을 위해 예비된 것입니다(사 17:11 참고). 성도에게 새벽이 없는 밤은 결코 없습니다. 빛은 의인을 위해 빛나며, 즐거움은 마음이 정직한 사람을 위해 주어진 것입니다. 슬픔과 근심이 밤새 지속될 수도 있으나 아침이 되면 기쁨이 찾아옵니다. 그러하기에 구원의 즐거움을 가지고 사는 사람은 복된 사람입니다.

다윗은 때때로 자신은 날마다 눈물이 마를 날이 없다면서 탄식했습니다. 때로는 근심이 너무 커서 피를 말리는 것과 같을 때도 있습니다. 욥은 "내 눈은 근심 때문에 어두워지고 나의 온 지체는 그림자 같구나"(욥 17:7)라고 말했습니다.

우리는 근심으로 인하여 크게 동요하여, 마치 멍에를 메어 보지 못한 소와 같이 행동해서는 안 됩니다. 우스 땅의 욥은 한때 바로 이러한 실수에 빠졌던 것 같습니다(욥 6:8-11 참고).

때때로 고난과 슬픔이 돌이킬 수 없는 상태에까지 이르기도 합니다. 그럴 경우 우리는 의기소침해지거나 마음이 강퍅해지기 쉽습니다. 그러나 두 가지 마음 모두 매우 위험합니다. 더욱 바람직하고도 바른 태도는 겸손한 마음으로 멍에를 메며, 결코 하나님과 사람 앞에서 어리석은 말을 하지 않는 것입니다.

"사람은 젊었을 때에 멍에를 메는 것이 좋으니 혼자 앉아서 잠잠할 것은 주께서 그것을 그에게 메우셨음이라"(애 3:27,28).

고난당하는 자는 여호와께 모든 것을 맡겨야 합니다. 욥은 "나는 나의 모든 고난의 날 동안을 참으면서 풀려나기를 기다리겠나이다"(욥 14:14)라는 지혜로운 말을 했습니다.

냉정함은 결코 미덕이 아닙니다. 하나님께서 우리를 울게 하실 때는 울어야 합니다. 무감각은 결코 하나님을 기쁘시게 하는 것이 아니며, 심판의 때에 마음을 강퍅하게 하는 것은 악한 것입니다.

"그날에 주 만군의 여호와께서 명령하사 통곡하며 애곡하며 머리털을 뜯으며 굵은 베를 띠라 하셨거늘, 너희가 기뻐하며 즐거워하여 소를 죽이고 양을 잡아 고기를 먹고 포도주를 마시면서 내일 죽으리니 먹고 마시자 하는도다"(사 22:12,13).

여호와의 징계를 멸시하는 것은 여호와를 멸시하는 것과 같습니다.

근심에 대한 절제

때때로 고통이 너무 쓰라린 경우도 있습니다. 하나님께서 우리를 그런 상황 가운데 두실 때에는 슬퍼하고 근심하는 것이 마땅합니다. 그러나 하나님께 책망을 받을 때 정신을 차리지 못하고 완전히 쓰러지는 것은 나쁩니다. 우리의 절제는 기쁠 때와 마찬가지로 슬플 때에도 분명히 드러나야 합니다.

하나님의 백성들은, 위대한 인물이나 경건한 사람이 죽었을지라도 아무런 소망도 없는 사람이나 이방인처럼 애석해할 필요가 없습니다(레 19:28, 신 14:1, 살전 4:13 참고). 우리는 성경이 말하는 '너무 많은 근심'(고후 2:7)이나 '근심 위에 근심'(빌 2:27)이나 '소망이 없는 근심'(살전 4:13 참고)을 하지 않도록 기도해야 합니다.

또한 우리는 웃음을 마음대로 더하게 할 수 없는 것과 마찬가지로, 마음대로 지나친 슬픔이나 근심에 빠져서도 안 됩니다. '근심은 심령을 상하게'(잠 15:13) 합니다. 그래서 우리는 주 하나님 안에서 자신을 위로하고 격려해야 합니다. 우리의 근심이 지나치다면, 그것은 세상 근심입니다.

그런데 만일 하나님께서 우리의 슬픔을 격동시키신다면 누가 그것을 당해 내겠습니까? 슬픔과 탄식을 달아나게 하는 것은 오직 복음뿐입니다. 우리는 믿음으로만 이 땅에서 안식을 얻을 수 있습니다. 신자는 '근심하는 자 같으나 항상 기뻐'(고후 6:10)합니다. 신자만이 그렇습니다. 하나님은 참으로 이러한 사람들의 버팀목이 되시며 친구가 되십니다.

"이는 내가 그 피곤한 심령을 상쾌하게 하며 모든 연약한 심령을 만족하게 하였음이라"(렘 31:25).

고난의 사람, 질고를 아는 사람인 그리스도는 믿음으로 우리의 위로와 닻이 되었습니다. 그분을 생각하시기 바랍니다.

우리가 고난당할 때 우리에게 큰 위로가 되는 것은 바로 은혜의 보좌입니다. 고난당하는 사람이 있습니까? 그렇다면 기도하시기 바랍니다. 다윗은 그것이 가장 좋은 방법임을 알았습니다.

"사망의 줄이 나를 두르고 스올의 고통이 내게 이르므로 내가 환난과 슬픔을 만났을 때에 내가 여호와의 이름으로 기도하기를, 여호와여 주께 구하오니 내 영혼을 건지소서 하였도다"(시 116:3,4).

여러분은 슬픔을 당한 사람들을 돌아보고 위로합니까? 마땅히 그렇게 해야 합니다. 성경은 "낙심한 자가 비록 전능자를 경외하기를 저버릴지라도 그의 친구로부터 동정을 받느니라"(욥 6:14)라고 말씀합니다. 우리는 고난당하는 사람을 따뜻하게 대하여야 하며, 절대 그에게 상처를 주어서는 안 됩니다.

26 그리스도인의 진리 투쟁
the Christian's Hatred of Error

진리는 빛입니다. 그것은 밖으로 드러납니다. 그것은 하나입니다. 그것은 조화입니다. 그것은 결코 서로 상충되지 않습니다. 진리 안에는 불일치나 불화나 모순이 없습니다. 진리는 그것을 주관하시는 분처럼 단순하고 영원하며 불변합니다. 진리는 거짓말을 하거나 속이지 않으며 실수도 없고 속임을 당하지도 않으시는 하나님으로부터 왔습니다.

죄와 거룩은 결코 같지 않으며 영원히 다릅니다. 의와 불의는 결코 조화될 수 없습니다. 의는 진리를 좇지만 불의는 진리를 대적하기 때문입니다. 하나는 위에서부터 왔으며 하나는 아래에서 났습니다. 진리는 꾸며 낸 이야기나 우화나 거짓과 반대됩니다.

진리의 가치

모든 진리는 다 사실이지만 그 중요성이 동일한 것은 아닙니다. 기하학의 원리는 복음의 가장 중요한 원리와 마찬가지로 진리입니다. 그러나 우리가 그러한 수학적 진리를 모른다고 해서 행복하고 거룩하게 살 수 없거나 구원을 받을 수 없는 것은 아닙니다. 반면에 하나님과 그분이 보내신 예수 그리스도에 대한 진리를 아는 것에는 영생이 달려 있습니다.

예술적 진리나 과학적 진리는 어떤 사람들에게는 큰 가치를 가지지만, 다른 직종에 종사하는 사람들에게는 특별한 가치를 가지지 못합니다. 그러나 기독교 진리는 모든 사람들에게 매우 중요한 가치가 있습니다. 거기에 모든 사람의 영원한 생명이 달려 있습니다. 우리가 여기에 아무리 많은 것을 투자한다고 해도 부족할 것입니다. 그래서 성경에서는 "진리를 사되 팔지는 말며"(잠 23:23)라고 말씀합니다.

동방박사들은 오랜 여행 끝에 '길이요 진리요 생명이신' 그분을 만나 자신들의 목적을 이루었습니다. 그들은 어리석은 자의 심부름을 하지 않았습니다.[1]

그러나 천부장은 돈을 많이 들여 로마의 시민권을 얻었습니다(행 22:28 참고). 그것은 가질 만한 가치가 있었으나 그 가치는 이 땅의 삶을 넘지는 못하는 것이었습니다. 많은 사람들은 비록 로마의 시민권을 가지고 있지 않았지만 이 땅에서 선하고 경건하게 살았으며, 죽은 후에도 복된 삶을 누렸습니다. 하나님의 진리를 가진 사람이 영원한 복을 받는 것입니다.

하나님의 긍휼과 진리에서 제외되는 것만큼 끔찍한 일은 없습니다. 다른 것은 다 참을 수 있어도 그것만은 견디기 어려운 비극입니다. 히스기야는 "내가 사는 날에 태평과 진실이 있을진대 어찌 선하지 아니하리요"(왕하 20:19)라고 말했습니다. 이것은 참으로 합당한 말입니다.

메시야가 위엄 있게 구름을 타고 승천하신 것은 진리와 온유와 공의 때문이라고 했습니다. 하나님은 빈곤한 사람을 불쌍히 여기는 자에게 복을 주시면서 "선을 도모하는 자에게는 인자와 진리가 있으리라"(잠 14:22)라고 말씀하셨습니다. 공동체 안에서 진리가 땅에 떨어지고 공의에서 멀어지며 정직이 나타나지 못하는 것보다 비극적인 일은 없습니다.

---

1) 역자주 - 마태복음 2장에 기록된 사건을 의미하는 것으로 보입니다. 즉, 동방박사들이 왕으로 나신 이에 대해 알아보기 위하여 헤롯에게 갔을 때, 헤롯은 그 아기를 찾거든 자신에게 알려 줄 것을 명하였으나 박사들은 헤롯에게 돌아가지 말라는 하나님의 명령을 따른 사건입니다.

거짓을 싫어하시는 하나님

이에 반해서 거짓은 진리에 반대됩니다. 우리가 거짓을 허용하면 그것은 우리를 속이고 기만하며 악한 길로 인도합니다. 거짓은 악한 자에게 속한 것입니다. 거짓을 즐기는 사람은 겉으로는 축복을 말하고 있어도 속으로는 저주하고 있습니다. 하나님은 이런 자들에 대해 "거짓말을 뱉는 자는 망할 것이니라"(잠 19:9)라고 선언하십니다.

하나님이 거짓을 싫어하신다는 사실을 조금이라도 의심하는 사람이 있다면, 게하시에 관한 무시무시한 이야기를 읽어 보십시오(왕하 5:20-27 참고). 또한 하나님이 자신에게 거짓말하는 것을 싫어하신다는 사실을 조금이라도 의심하는 사람이 있다면, 아나니아와 삽비라에 관한 끔찍한 이야기를 읽어 보십시오(행 5:1-11 참고).

종교적 거짓은 하나님의 진노를 부릅니다. 거짓 교사들은 거짓말로 사람들을 현혹시키고 경건한 사람들의 마음에 상처를 줍니다. 그들은 그런 식으로 하나님께서 위로하시는 사람들을 괴롭힙니다. 이렇게 외식함으로 거짓말하는 자들에 대해서는 그들의 양심이 화인 맞았다고 생각하십시오(딤전 4:2 참고).

우리는 하나님의 말씀을 사랑하는 만큼 거짓을 싫어하고

무서워합니다. 거짓 교리만큼 하나님을 대적하는 것도 없습니다. 그것은 전능자에 대한 모욕입니다. 그것은 치명적인 독이며, 생명을 갉아먹는 암적인 존재입니다.

그런데도 그들이 거짓 교리로 인해 탄식하고 있는 자들에 대해 오히려 심한 적대감을 드러낸다는 것은 놀라운 사실이 아닐 수 없습니다.

"거짓말하는 자는 자기가 해한 자를 미워하고"(잠 26:28).

가장 비열한 열정은 선지자와 사도를 비롯한 용감하게 진리를 사수하는 성도들을 공격하려는 악한 교리를 옹호하는 자들의 열정입니다.

성경은 "모든 거짓은 진리에서 나지 않는다"(요일 2:21 참고)라고 말씀합니다. 이 말씀은 거짓은 절대로 진리의 한 부분이 될 수 없다는 것을 의미합니다. 따라서 거짓 교리는 절대 기독교의 일부가 될 수 없습니다. 거짓 교리의 그 어떤 부분도 하나님의 진리와 조화되거나 일치되지 않기 때문에 분별력 있는 그리스도인은 그것이 진리가 아님을 쉽게 알아차릴 수밖에 없습니다.

진리에 대한 바른 이해

진리에 대하여 다음과 같은 사항들을 기억하십시오.

첫째, 진리를 위해 싸우는 것은 엄숙한 의무입니다. 자신이 맡은 사역이나 지위가 그것을 요구함에도 불구하고 싸우지 않는 것은 하나님의 정죄를 받아 마땅합니다. 그런 사람은 하나님과 사람에게 가장 큰 대적과 같이 여김을 받을 것입니다. 그러한 상태에 있는 사람들은 가장 비통한 눈물을 흘려야 할 것입니다. 그들에게 아무런 변화가 없다면, 그들은 영원히 멸망당할 수밖에 없습니다.

둘째, 하나님의 평안과 하나님의 진리는 언제나 함께합니다. 우리는 하나님의 진리가 없는 하나님의 평안을 생각할 수 없습니다. 성경 기자들은 이 둘을 하나로 묶어서 말합니다. 그런데도 왜 우리는 어리석게도 그것을 분리하려고 합니까? 진리와 평안은 모든 선한 정부와 행복한 가정, 모든 선한 백성들 안에서 밀접하게 연결되어 있습니다.

셋째, 그 어떤 거짓에도 성결케 하는 능력이 없습니다. 거짓은 악으로부터 나오며, 우리를 악으로 인도합니다. 하나님은 우리의 잘못에도 불구하고 우리를 구원하시지만 우리가 잘못했기 때문에 구원하시는 것은 아닙니다.

"그들을 진리로 거룩하게 하옵소서. 아버지의 말씀은 진리니이다"(요 17:17).

넷째, 우리는 진리의 능력을 통해 성령의 도우심 안에서 참된 자유를 얻습니다. 모든 잘못은 악합니다. 그것은 우리를 노예로 만듭니다. 그것은 우리의 인격과 성품의 질을 떨어뜨립니다. 그것은 진리의 하나님과 진리의 영을 대적합니다.

다섯째, 진리를 불의 안에 가두어 두는 경우도 있습니다. 많은 사람들이 그렇게 하고 있습니다. 진리를 모르는 것도 나쁘지만, 진리를 알면서도 순종하지 않는 것은 더욱 나쁩니다. 행위는 경건의 생명입니다. 예수님은 "무릇 진리에 속한 자는 내 음성을 듣느니라"(요 18:37)라고 말씀하셨습니다.

"범사에 헤아려 좋은 것을 취하고"(살전 5:21).

27 그리스도인의 영광스러운 풍성함
the Christian's Glorious Riches

"무명한 자 같으나 유명한 자요, 죽은 자 같으나 보라 우리가 살아 있고, 징계를 받는 자 같으나 죽임을 당하지 아니하고, 근심하는 자 같으나 항상 기뻐하고, 가난한 자 같으나 많은 사람을 부요하게 하고, 아무것도 없는 자 같으나 모든 것을 가진 자로다"(고후 6:9,10).

그리스도인은 하나의 역설paradox입니다. 그리스도를 소유한 사람은 그리스도에게 있는 무궁무진한 영적 풍성함을 소유한 사람입니다. 바울은 네 번이나 '그의 영광의 풍성함'이라는 표현을 사용하였습니다. '그의 영광의 풍성함'은 '그의 영광스러운 풍성함'에 해당하는 히브리식 표현입니다.

로마서 9장 23절에서 사도 바울은 '영광 받기로 예비하신 바 긍휼의 그릇에 대하여 그 영광의 풍성함을 알게' 하는 것이 하나님의 계획이라고 말했습니다. 그리고 에베소서 1장 18절에서는 하나님께 그들의 마음의 눈을 밝히사 '그의 부르심의 소망이 무엇이며 성도 안에서 그 기업의 영광의 풍성함이 무엇'인지 알게 해 달라고 기도하였습니다.

또한 에베소서 3장 16절에서는 하나님께 '그의 영광의 풍성함을 따라 그의 성령으로 말미암아 너희 속사람을 능력으로 강건하게' 하시기를 기도했습니다.

골로새서 1장 27절에는 성도들에 대해 "하나님이 그들로 하여금 이 비밀의 영광이 이방인 가운데 얼마나 풍성한지를 알게 하려 하심이라. 이 비밀은 너희 안에 계신 그리스도시니 곧 영광의 소망이니라"라고 기록되어 있습니다. 그러므로 이러한 구절에 함축된 것들은 모두 성도들에게 드러나고 알려질 것이며, 그들을 굳세게 할 것이고, 영원한 영광의 복을 보장할 것입니다.

그렇다면 이 '영광스러운 풍성함'이란 무엇을 의미합니까? 이 질문에 대해서는 오직 하나님만이 대답하실 수 있을 것입니다. 하나님은 종종 우리에게 그것에 관해 말씀하십니다.

그분은 한 사도를 통해 우리에게 '사랑과 희락과 화평과 오래 참음과 자비와 양선과 충성과 온유와 절제'(갈 5:22,23)에 대해 말씀하셨습니다. 또한 다른 사도를 통해 "믿음에 덕을, 덕에 지식을, 지식에 절제를, 절제에 인내를, 인내에 경건을, 경건에 형제 우애를, 형제 우애에 사랑을 더하라"(벧후 1:5-7)라고 말씀하셨습니다.

참으로 아름다운 덕을 모아 놓은 말씀입니다. 이러한 것들은 모두 성령의 은혜에 속합니다. 이러한 것들을 소유한 사람은 영광스러운 풍성함을 소유한 것이며, 아무도 그를 해치지 못할 것입니다.

또한 하나님은 다른 곳에서 이렇게 말씀하십니다.

"만물이 다 너희 것임이라. 바울이나 아볼로나 게바나 세계나 생명이나 사망이나 지금 것이나 장래 것이나 다 너희의 것이요"(고전 3:21,22).

참으로 풍성한 영광이 아닙니까? 이 세상과 오는 세상은 그 안에 담긴 모든 복과 함께 존귀하신 하나님의 백성들의 소유가 된다는 말입니다. 이것은 그리스도께서 친히 하신 말씀과도 매우 유사합니다.

"내가 진실로 너희에게 이르노니 하나님의 나라를 위하여 집이나 아내나 형제나 부모나 자녀를 버린 자는 현세에 여러 배를 받고 내세에 영생을 받지 못할 자가 없느니라"(눅 18:29,30).

바울 역시 "경건은 범사에 유익하니 금생과 내생에 약속이 있느니라"(딤전 4:8)라고 말했습니다.

그러므로 영광의 풍성함을 이렇게 요약할 수 있습니다.

"신자는 모든 죄에서 완전히 용서를 받았습니다. 하나님은 그들을 온전히 용납하셨습니다. 그들은 그리스도의 흠 없는 의의 옷을 입었습니다. 그들은 하나님의 가족으로 입양되었습니다. 그들은 그리스도를 통해 천국에 갈 수 있는 온전한 자격을 얻었습니다. 그들은 거듭났습니다. 그들은 풍성한 은혜를 받았으며, 그들의 성화가 보장되어 있습니다.

그들의 믿음에는 평안이 있습니다. 그들은 죄와 세상과 육신과 마귀와 모든 슬픔과 죽음과 음부와 무덤을 확실히 이겼습니다. 그들은 모든 미덕의 요소와 원리를 가지고 있으며, 틀림없이 그것을 온전히 이루어 나갈 것입니다.

또한 그들은 하나님을 아버지로, 그리스도를 구주로, 성령을 보혜사로, 하나님에 대한 소망을 닻으로, 천국을 본향으로 여기고 살아갑니다. 그들은 심판의 날에도 담대할 것이며, 그리스도와 같이 되어 그분과 함께 영원히 거할 것입니다. 그들은 만유를 유업으로 받을 것입니다."

그런데 누가 그리스도인이 되지 않으려 한다는 말입니까?

28 어느 그리스도인의 묵상
Some Musings of an Old Christian

오랫동안 계속되어 온 고난이 하나님의 백성을 고통과 슬픔에 빠지게 하였지만, 여호와께서 그들에게 용기를 주시고 그분의 영원하신 팔로 안으셨습니다. 징계와 고난 없이 하나님의 긍휼을 받지 못한다는 것은 실로 안타까운 일입니다. 하나님은 죄가 흉악한 흔적을 남기기 전에는 누구에게서도 자신의 긍휼을 거두지 않으십니다.

하나님은 고아의 아버지이시며, 불쌍한 사람을 돕는 분이십니다.

창조주를 너무 두려워한 나머지 사랑하지 못하는 사람과

창조주를 너무 사랑한 나머지 경외할 줄 모르는 사람은 똑같이 참된 경건이 없는 사람입니다.

힘 있는 사람을 의지하는 사람은 힘없고 천한 사람을 의지하는 사람과 마찬가지로 어리석은 사람입니다.

하나님의 낮아지심은 곧 그분의 위엄입니다.

사람의 지식은 쉽게 고갈되어 버립니다.

생명이 없는 피조물과 짐승도 하나님께 영광을 돌립니다. 그런데 왜 사람은 자기 마음대로 하고 싶어하며, 자신이 원하는 대로 하나님을 섬길지 섬기지 않을지를 선택하려고 합니까?

전능자가 도울 수 없을 만큼 절망적인 상황은 없습니다.

가장 나쁜 죄는 악한 열정입니다.

사람이나 천사가 가장 효과적으로 쓰임을 받을 수 있는 방법은 하나님의 명령에 순종하는 것입니다.

많은 사람들이 거룩에 대한 언급이나 성화를 위한 기도는 하지 않으면서 칭의를 자랑하거나 죄 사함에 대해 떠드는 것은 안타까운 일입니다.

이 땅에서 하나님의 영광을 찬양하는 천국의 노래를 배운 사람은 요단강을 건너가더라도 결코 천국의 찬양을 잊지 않을 것입니다.

우리에게 있어서 모든 피조물은 하나님께서 정하신 대로 친구가 아니면 대적입니다.

이례적인 번성을 누리는 사람은 자신이 불쌍하고 비천한 사람들보다 시련을 적게 겪었다는 사실을 기억해야 합니다.

이교도에서 개종한 초기 그리스도인은 종종 지옥에서 막 벗어난 사람처럼 글을 썼습니다.

그리스도의 의를 진실하고도 정직하게 받아들인 사람은 그리스도께서 행하신 발자국과 흔적을 남길 것입니다.

사람이 당하는 모든 고통과 혼란은 창조주에 대한 배교에서 비롯되었습니다.

경건한 사람은 자신이 자주 범하는 죄를 하나님의 기적적인 은혜를 통해 색출하고 마음의 악을 발본색원함으로써 영광의 나라를 예비하여야 합니다.

그리스도의 마음과 그의 백성의 마음은 모든 중요한 문제에 있어서 일치합니다.

만일 하나님께서 성도들을 전적인 고난으로 이끄신다면, 그것은 그들을 구원으로 인도하실 때 보여 주신 것과 동일한 자비하심으로 자신을 나타내시려는 것입니다.

모든 구원의 계획은 여호와의 긍휼하심과 선하심과 인자하심에 기초를 둡니다. 그분은 결코 변하지 않으시기 때문에 우리는 그분께서 시작하신 일을 온전히 이루실 것이라고 믿습니다.

구원에 있어서 가장 영광스러운 것은 풍성하신 은혜와 확고부동한 공의의 완벽한 조화입니다.

육신을 입으신 중보자에게는 경이로운 일들이 가득합니다. 이 땅에 계실 때 나타난 그분에 관한 놀라운 이야기는 가장 지혜롭고도 선한 사람들이 휘장 안에서 영광의 왕을 볼 때까지 계속해서 경외심으로 자신을 채워 나가게 할 것입니다.

하나님은 우리가 그분에게로 향할 때 반드시 사랑하는 마음으로 다가오도록 하셨습니다. 그러하기에 이러한 요건을 충족시키지 못한다면, 우리는 결코 그분을 기쁘게 할 수 없을 것입니다.

성령의 도우심만큼 반드시 필요한 것은 없습니다. 돛은 바람이 없으면 배를 바른 방향으로 나아가게 하지 못합니다. 하늘로부터 오는 불이 없었더라면, 엘리야의 제물은 바알의 제물과 별반 차이가 없었을 것입니다. 영이 없는 몸은 죽은 것입니다.

하나님의 구원이 어떠한 통제력도 발휘하지 않는다면, 그분의 참된 자녀들의 영혼이 누리는 기쁜 감정은 결국 모순에 이르는 신비가 될 것입니다.

하나님께 영광을 돌리기 위해 돌아온 한 명의 나병 환자와 마찬가지로 돌아오지 않았던 아홉 명의 나병 환자들도 자신의 치유를 기뻐하였습니다. 그러나 그들은 정작 그렇게 큰 긍휼을 베푸신 분에게는 아무런 관심도 갖지 않았습니다.

교사가 학생에게 아첨하고 목회자가 성도의 비위를 맞추려고 하는 것은 안타까운 일입니다. 그러나 그러한 행위들은 사람이 자기의 비위를 맞추기 위해 다른 사람들의 충고를 받아들이지 않는 것보다 나쁘지는 않습니다.

29 어떻게 해야 합니까?
What can I do?

어떤 사람이 이렇게 질문했습니다.

"어떻게 해야 합니까? 나는 불쌍하고 연약하며 과오가 많은 피조물입니다. 나는 하나님에 대해 배우기 전에는 어떤 것도 제대로 알 수 없습니다. 나는 참으로 연약한 존재입니다. 나는 어리석습니다. 나는 많은 실수를 합니다. 선을 행하려고 해도 언제나 악이 나와 함께 있습니다."

자신의 약함에 대한 올바른 인식

이러한 당신을 위해 몇 가지 조언을 하겠습니다. 만일 당신이 홀로 남겨진다면 당연히 물과 같이 약해질 것입니다. 그러므로 가능한 자신에 대해서는 생각하지 마십시오. 그리고 "확실히 나의 의와 능력이 오직 하나님 안에 있다"라고 고백하시기를 바랍니다. 자신으로부터 눈을 돌리시기 바랍니다.

지금까지 당신은 틀림없이 종종 자신을 신뢰해 왔을 것입니다. 그러나 그것은 어리석고 악한 행위입니다. 여러분이 잊고 있는 말씀에 귀를 기울이시기 바랍니다.

"소년이라도 피곤하며 곤비하며 장정이라도 넘어지며 쓰러지되, 오직 여호와를 앙망하는 자는 새 힘을 얻으리니 독수리가 날개치며 올라감 같을 것이요, 달음박질하여도 곤비하지 아니하겠고 걸어가도 피곤하지 아니하리로다"(사 40:30,31).

우리는 아무리 자신을 비워도 부족합니다. 우리는 아무리 하나님을 의지해도 모자랍니다. 자신이 연약하다는 사실을 인식하는 것은 결코 아무것도 할 수 없다는 자격박탈이 아닙니다. 그것은 일을 시작하기 위한 준비입니다. "내 능력이 약한 데서 온전하여짐이라"(고후 12:9)라는 말씀은 하나님의 백성들의 모든 삶과 사역에 해당됩니다.

하나님의 쓰임을 받기 위하여

선한 일이나 계획에 대해 결코 무관심하거나 적대감을 갖지 않도록 해야 합니다. 모든 사람이 모든 일에 효과적인 도움을 주는 것은 불가능합니다. 그러나 그 일을 추진할 수 있는 자들을 낙심시키거나 방해해서는 안 됩니다.

또한 선한 일을 전혀 하지 않거나 잘못된 일을 하지 않도록 주의해야 합니다. 어떤 신자는 악한 세상을 위해 삽니다. 그들은 육신의 정욕을 좇습니다. 그들은 세속적인 사람과 다름없이 사리 분별이 없고 선한 행위를 오히려 비방받게 하며, 그들의 양심은 예민하지 못합니다. 그들은 대적에게 비방거리를 제공합니다.

만약 당신이 하나님께 쓰임 받기를 원한다면, 다음의 권고를 기억하십시오.

첫째, 무슨 일을 하든지 최선을 다하시기 바랍니다. 선한 일을 하는 데 게으르지 말아야 합니다. 건성으로 하는 것은 반대를 불러오고 당혹감을 낳게 할 것입니다.

둘째, 하나님이 바르게 시행되는 바른 계획 위에 복을 주시는 분이라는 사실을 확실히 믿어야 합니다. 의심하지 마십시오. 하나님의 말씀을 그대로 믿으십시오. 하나님을 의지하는 것은 결코 헛되지 않습니다.

셋째, 참고 인내하십시오. 초조해하거나 당황하지 마십시오. 농부는 소중한 열매를 얻기 위해 오래 참고 기다립니다.

많은 계획이 하루나 한 달 안에 이루어질 수는 없습니다. 참나무 숲을 일구는 일만 해도 자신의 생애 동안 다 완성할 것이라는 기대는 금물입니다. 씨를 뿌립시다. 도토리나무를 심듯이 끈기와 인내를 가집시다.

넷째, 하나님의 섭리를 통제하려고 하지 말고, 하나님의 계획을 찾아 그 뜻에 따라 살아야 합니다. 사람들은 때때로 물을 역류시키려는 시도를 합니다. 그러나 그들은 성공을 거두지 못합니다.

"높은 데 마음을 두지 말고 도리어 낮은 데 처하며"(롬 12:16).

다섯째, 쉽게 낙심하지 마시기 바랍니다. 언제나 소망을 가져야 합니다. 경험이 많은 한 노숙한 사람은 종종 가장 어려운 상황이 가장 행복한 결과를 낳는 것을 본다고 말합니다. 많은 사람들에게 그러한 경험이 있을 것입니다. 그러므로 어려운 일이 닥치더라도 낙심하지 마시기 바랍니다.

여섯째, 기도를 많이 하십시오. 자주 기도하는 것이 곧 열심히 기도하는 것입니다. 자신의 장막을 은혜의 보좌 가까이에 치시기 바랍니다. 쉬지 말고 기도하시기 바랍니다. 시온에서 안일한 사람이 되지 마시기 바랍니다.

별을 흐르게 한 그 음성이 우리에게 수많은 약속을 하셨습니다. 그 약속을 붙들고 하나님 앞에서 간구하십시오. 야곱의 말에 귀를 기울이시기 바랍니다.

"내게 축복하지 아니하면 가게 하지 아니하겠나이다"(창 32:26).

그리고 가능한 다른 사람들의 기도와 협력을 구하시기 바랍니다. 특히 겸손하고 경건한 사람들과 함께하십시오. 도움이나 지원을 한없이 기다리기만 하는 것은 용기 없는 게으른 행위입니다. 앉아서 기다리는 것보다 한심한 일은 없습니다. 좋은 판단력을 가지고 있으며, 삶의 중심에 경건에 대한 열정이 있는 자들이 가장 좋은 동역자입니다.

마지막으로, 최선을 다한 후에는 그리스도 예수 안에 있는 하나님의 크신 자비에 자신과 모든 것을 맡기시기 바랍니다. 지금까지의 모든 수고는 물론 자기 자신을 대속의 피로 씻어야 합니다. 나는 아무것도 아니고 아무런 자격도 없으며, 내가 바라고 얻고자 했던 모든 것은 전적으로 하나님의 주권적인 은혜를 통하여 온다는 사실을 솔직히 인정하시기 바랍니다. 그리고 겸손하십시오.

30 죽은 후에도 이어지는 그리스도인의 영향력
Posthumous Usefulness

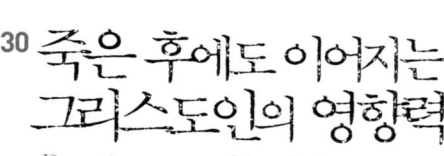

도드리지는 우리가 죽을 때에도 하나님께 영광을 돌려야 한다고 말했습니다. 이성은 우리가 죽은 후에도 유익한 영향을 끼칠 수 있도록 삶을 살아야 할 것을 보여 줍니다.

성경은 아벨에 대해 "그가 죽었으나 그 믿음으로써 지금도 말하느니라"(히 11:4)라고 말씀했습니다. 이 말씀은 아벨이 죽은 지 약 사천 년이 지난 후에 그에 관해 언급된 내용입니다. 이러한 사실은 주를 위한 사역에 우리가 최선을 다하도록 격려합니다. 이러한 사례는 특별한 경우에만 해당하는 것이 아니며, 옛 시대에만 국한된 것도 아닙니다.

하나님은 자기 백성과 그들의 경건한 수고를 결코 버리시지 않습니다. 그들의 기도와 삶의 모범과 말과 글은 그들이 이 땅을 떠난 후에도 오랫동안 영향을 끼칩니다. 그리스도의 복음을 위한 진실한 간구와 탄원이 아무리 오래전에 이루어졌을지라도, 그들은 여전히 하나님 앞에서 아름다운 향기를 발합니다.

많은 사람들은 다소의 사울이 회심하고 구원을 받은 것은 첫 번째 순교자인 스데반의 마지막 기도에 대한 응답으로 이루어진 것이라고 말합니다. "주의 빛과 주의 진리를 보내시어"(시 43:3)라는 시편 기자의 기도 속에는 그가 처음 기도했던 날과 동일한 아름다운 향기가 묻어납니다.

하나님은 선한 삶을 얼마나 기뻐하시는지 모릅니다. 그분은 결코 그것을 잊지 않으십니다. 그분의 책에는 냉수 한 그릇을 대접한 것까지 모두 빠짐없이 기록되어 있습니다.

마찬가지로 좋은 노래, 좋은 말, 좋은 책은 그 경건한 저자가 죽은 후에도 오랫동안 칭송을 받습니다. 그들의 미덕은 그들이 가르친 진리와 그들이 가졌던 정신에 있으며, 결코 그것을 기록한 사람의 육신적 삶에 있는 것이 아닙니다.

장차 올 세상에서의 영원한 영광과 존귀는 물론, 우리가 죽은 후에 이 땅에서도 유익한 영향을 끼치도록 복된 소망을 주신 하나님께 모든 영광과 찬양을 돌립니다.

옮긴이 **황의무** 목사는 한국외국어대학교 영어과를 졸업하고 한국은행에서 근무하다가 기독신학대학원대학에서 신학을 공부하였습니다. 그리고 한국은행을 퇴직한 후에 고려신학교를 졸업(M.Div)하고, 현재 심천교회(고신) 담임목사로 시무 중입니다. 대표적인 역서로는 『고난을 주시는 하나님』 등이 있습니다.

아메리카 P&R 시리즈 5
그리스도인

지은이 / 윌리엄 플러머
옮긴이 / 황의무
펴낸곳 / 지평서원
펴낸이 / 박명규

편집 / 정은, 박혜민
디자인 / 백현아
마케팅 / 정지욱

펴낸날 / 2009년 1월 20일 초판

서울 강남구 역삼동 684-26 지평빌딩 135-916
☎ 538-9640,1 / Fax. 538-9642
등 록 / 1978. 3. 22. 제 1-129

값 9,500원
ISBN 978-89-86681-83-3
ISBN 978-89-86681-82-6 (세트)